Hans-Joachim Laewen
Beate Andres
(Hrsg.)

. . . .

Forscher,
Künstler,
Konstrukteure

Werkstattbuch zum
Bildungsauftrag
von Kindertageseinrichtungen

Das Projekt wurde gefördert vom

· ·

Bundesministerium
für Familie, Senioren,
Frauen und Jugend

Ministerium für Bildung,
Jugend und Sport
des Landes Brandenburg

Ministerium für Arbeit,
Gesundheit und Soziales des
Landes Schleswig-Holstein

Sächsischen Staatsministerium
für Soziales, Gesundheit,
Jugend und Familie

Projektträger

· ·

infans
Institut für angewandte
Sozialisationsforschung /
Frühe Kindheit e. V.
Berlin

Hans-Joachim Laewen
Beate Andres
(Hrsg.)

Forscher,
Künstler,
Konstrukteure

Werkstattbuch zum
Bildungsauftrag
von Kindertageseinrichtungen

Beltz

Herausgegeben von der Redaktion klein & groß

Alle Rechte vorbehalten

2002 by Beltz Verlag. Weinheim · Berlin · Basel

Das Werk einschließlich seiner Teile ist urheberrechtlich geschützt.

Jede Verwertung außerhalb der engen Grenzen des Urheberrechtsgesetzes ist

ohne Zustimmung des Verlages unzulässig und strafbar. Das gilt

insbesondere für Vervielfältigungen, Übersetzungen, Mikroverfilmungen

und die Einspeicherung und Verarbeitung in elektronischen Systemen.

Titelzeichnung: Traumkita, Valentin

Satz/DTP: Cornelia Barth, Leipzig

Druck: Gutenberg Druckerei, Weimar

Printed in Germany, September 2002

ISBN 3-407-56174-1

Inhalt

6

Hans-Joachim Laewen/Beate Andres
Arbeitsblätter:

Johanna Romberg

· ·

Aufbruch mit Null –
Ein etwas anderes Vorwort

Kinder finden täglich neue Wege, in die Welt des Wissens aufzubrechen. Und Erwachsene begreifen erst allmählich, was dabei alles in ihren Köpfen vorgeht.

Manchmal hat man das Glück, einem Entdecker beim Erkunden neuer Kontinente zusehen zu können.

Jakob, drei Jahre alt, lehnt über dem Spülbecken und lässt seine Flotte zu Wasser. Er hat sie sich zusammengesucht aus dem, was in der Küche so herumlag: zwei Walnüsse, ein Plastikeierbecher, ein Radiergummi in Dampferform, das Unterteil der Zitronenpresse.

Eierbecher und Nüsse schwimmen, der Gummi geht unter. Jakob hebt ihn auf, legt ihn auf eine Walnuss, sie trägt ihn kurz, dreht sich dann, der Gummi sinkt, die Walnuss bleibt oben. Nuss runterdrücken, nach oben flutschen lassen. Gummi und Nuss in die Zitronenpresse, sie schwimmt, Wasser aus dem Eierbecher dazugießen, Presse kentert, Gummi sinkt, Nuss bleibt oben. Presse ausleeren, neu zu Wasser lassen, Wasser hinzugießen.

> »Im Kopf jedes Dreijährigen steckt Wissen, von dem nicht einmal seine eigenen Eltern etwas ahnen.«

So geht das eine gute halbe Stunde lang. Manchmal hält Jakob inne und lässt einen kräftigen Strahl frisches Wasser ins Becken laufen. Dann wieder schiebt er die beiden Nüsse aufeinander zu, bis sie sich mit den Spitzen berühren, und sagt dazu leise: »Heirat, heirat, heirat … «

Ich stehe hinter Jakob und sehe ihm zu. Normalerweise hätte ich das Flottenmanöver im Spülbecken mit ein paar Seitenblicken und gelegentlichen Ermahnungen bedacht: Spritz nicht so viel rum! Krempel dir die Ärmel hoch! Dreh endlich den Wasserhahn zu! Heute aber betrachte ich meinen Sohn genauer, und dabei gehen mir Fragen durch den Kopf, die ich mir ein paar Wochen zuvor noch nicht gestellt hätte.

Was macht er da eigentlich? Vielleicht unternimmt er gerade eine Erkundung zum Thema Masse, Dichte und Volumen. Vielleicht geht es ihm ums Archimedische Prinzip. Oder versucht Jakob vielmehr, Effekte der Schwerkraft auszuloten? Oder ist er am Ende zu einem ganz anderen Kontinent aufgebrochen – dem weiten Feld der zwischenmenschlichen Beziehungen?

Natürlich könnte ich meinen Sohn fragen, was er da gerade tut. Aber seine Antwort dürfte wenig darüber verraten, was in diesem Moment wirklich in seinem Kopf vorgeht.

Wie entdecken Kinder die Welt? Bei der Recherche zu diesem Thema mache ich eine seltsame Erfahrung. Ich habe zwei Söhne, drei und acht Jahre alt. Bisher hatte ich geglaubt, sie besser zu kennen als irgendwelche anderen Menschen auf der Welt. Doch während ich Entwicklungspsychologen und Pädagogen interviewe, Bücher und Fachaufsätze lese, stelle ich fest, dass sich die beiden vertrauten Wesen in meinen Augen zusehends in Außerirdische verwandeln. Die Welt, in der sie leben, erscheint mir um vieles fremder, abenteuerlicher, undurchschaubarer als bisher.

Manchmal bin ich fast erschüttert darüber, welche Herkulesarbeit sie täglich verrichten müssen, um sich Gewissheiten zu erobern, an die ich seit langem keinen Gedanken mehr verschwende. Dann wiederum staune ich, wie viel umfassendes, differenziertes Wissen in ihren Köpfen steckt – Welt-Kenntnis, von der ich bislang keine Ahnung hatte. So weiß ich erst seit kurzem, dass mein dreijähriger Sohn bereits ein Naturtalent auf dem Gebiet der Physik ist, ein Experte für Gravitation, Flugbahnen und Raum-Zeit-Berechnungen. Jakob ist nicht etwa ein Wunderkind – er teilt diese Begabung mit Millionen von Dreijährigen überall auf der Welt. Herausgefunden haben das Experten, die sich mit einem noch jungen Forschungsgebiet befassen: der Entschlüsselung von Denkvorgängen in den Köpfen von Kindern. Zu ihnen gehört Friedrich Wilkening, Professor am Institut für Entwicklungspsychologie an der Universität Zürich.

Jeder, der erkunden will, was Kinder wirklich wissen und wie sie sich Wissen aneignen, steht vor einem Grundsatzproblem: Er muss erst einmal eine Methode entwickeln, sie zu befragen, in einer Sprache, die sie verstehen und in der sie sich auch ausdrücken können. Zu diesem Zweck hat Prof. Wilkening eine Reihe von Versuchsapparaten entwickelt, die ebenso simpel wie hintersinnig sind.

»Kinder erkunden die Welt wie Wissenschaftler – systematisch, konzentriert und unbeirrbar konsequent.«

Da ist etwa eine Abwurframpe für Tennisbälle, bestehend aus einem Brett zwischen senkrechten Metallstützen. Vor der Rampe, deren Höhe verstellbar ist, liegt eine Landebahn mit einem roten Zielkreis. Die Frage lautet: Wie kann man den Ball so von der Rampe schieben, dass er von verschiedenen Höhen immer in den Zielkreis fällt?

In einem anderen Versuch kommen zwei kleine Elektroloks zum Einsatz, die auf zwei gleich langen Bahnen mit unterschiedlichem Tempo starten. Auf halber Strecke verschwindet die schnellere Lokomotive in einem Tunnel. Wie stark muss nun die langsamere Lok beschleunigen, um gleichzeitig mit der schnellen im Ziel einzutreffen?

»Schwerkraft, Wasser, Vulkane, Räuber – jedes Kind setzt sich seine ganz persönlichen Lernziele.«

Ein dritter Versuch ähnelt Jakobs Spülbecken-Manöver: Hier werden Klötzchen verschiedener Größen und Gewichte in einem Aquarium zu Wasser gelassen, und es gilt, abzuschätzen, wie viel Wasser jeweils verdrängt wird.

Die Antworten auf alle Versuchs-Fragen geben die Kinder ohne Worte in den ersten beiden Fällen mit einem Schubs, des-

12

Jakob stellt *häufig Fragen, die so seltsam sind, dass mir auf Anhieb keine Antwort einfällt.* »Warum haben wir im Garten keinen Vulkan?«

»Kann man mit einem Boot auf Lava fahren? Fährst du heute nach Deutschland? Liegt Deutschland in Hamburg?«

»Warum sind Räuber böse? Sind Räuber auch Leute? Können wir gestern noch mal Geburtstag feiern?«

sen Intensität im zweiten Versuch mit einem Photometer gemessen wird, und mit einem Fingerzeig auf einer Skala an einem Glasröhrchen. Die Ergebnisse der Experimente belegen, dass Kinder über Kenntnisse und Fähigkeiten verfügen, die selbst Entwicklungspsychologen bislang verborgen geblieben sind: Schon Drei- und Vierjährige wissen auf praktischer Ebene über die Flugbahnen geworfener Gegenstände genauso gut Bescheid wie einst Newton oder Galilei. Sie können Geschwindigkeiten bestimmen, indem sie die Faktoren Weg und Zeit nach korrekten algebraischen Regeln verknüpfen. Und sie verfügen über ein elementares Verständnis des Archimedischen Prinzips, wonach ein Körper nur dann schwimmt, wenn sein spezifisches Gewicht kleiner ist als das von Wasser.

Vor allem der erste und der zweite Versuch verblüfften die Fachwelt. Denn sie ergaben, dass Kinder bei ihren Urteilen über die Welt Informationen aus vielen Bereichen berücksichtigen und sogar sinnvoll kombinieren können. Zu dieser Denkleistung, davon waren Entwicklungspsychologen lange überzeugt, seien Kinder unter sechs Jahren prinzipiell nicht imstande.

Diese Überzeugung stützt sich freilich vor allem auf Versuche, bei denen Kinder mündlich befragt worden waren. Was Kinder sagen, kann aber ziemlich irreführend sein – selbst wenn es sich um wohl überlegte Antworten auf gezielte Fragen kundiger Entwicklungspsychologen handelt. Diese Erfahrung machten auch Friedrich Wilkening und seine Mitarbeiter.

Immer wenn sie ihre kleinen Versuchspersonen baten, zu erklären, was sie soeben getan hatten, erlebten sie Merkwürdiges: Dasselbe Kind, das Sekunden zuvor mit traumwandlerischer Sicherheit einen Ball in den Ring platziert oder einen Zug beschleunigt hatte, war plötzlich ratlos. Viele Kinder, vor allem jüngere, gaben Antworten, die komplett sinnlos waren – »Ich habe das so gemacht, weil heute Mittwoch ist!« Ältere Kinder behaupteten meist, Flugbahn oder Geschwindigkeit nach bestimmten Regeln berechnet zu haben, die objektiv falsch waren.

Wie kommt es zu diesem Widerspruch zwischen Worten und Taten? Prof. Wilkening erklärt es so: Jedes Kind – und jeder Erwachsene – verfügt neben seinem impliziten Wissen, das sich in Worten ausdrückt, über ein verborgenes, implizites Wissen, das seine Bewegungen steuert: eine »intuitive Physik«. Ansätze dieses Wissens sind uns wohl schon in die Wiege gelegt: Selbst Neugeborene scheinen ein elementares Verständnis für Naturgesetze zu haben, etwa für Gravitation, Kausalzusammenhänge, die Beschaffenheit fester Körper.

Psychologen haben Babys in Experimenten eine Welt vorgeführt, in der losgelassene Bälle in der Luft hängen bleiben, Spielzeugfiguren durch feste Wände gehen und rollende Kugeln auseinander sausen, bevor sie zusammengeprallt sind. Die Reaktion der Babys war eindeutig: Sie zeigten sich höchst erstaunt und verwirrt über diese Welt. Sie drückten dieses Erstaunen vor allem in Blickbewegungen aus: Was sie befremdlich fanden, schauten sie messbar länger an als Dinge und Phänomene, die ihnen vertraut erschienen.

Von den ersten Lebensmonaten an beginnen Kinder, ihr intuitives Wissen über Naturgesetze zu erweitern und zu perfektionieren. Schon wenn sie durch spontanes, noch unkoordiniertes Strampeln eine Rassel oder ein Mobile in Bewegung setzen, erfahren sie etwas über das Prinzip von Ursache und Wirkung. Später schulen sie ihr Wissen über Gravitation, indem sie Bauklotztürme umschmeißen oder den Inhalt von Zuckerdosen auf den Tisch rieseln lassen. Sie perfektionieren die Kunst der Flugbahn-Berechnung, in dem sie alles durch die Gegend werfen, was ihnen in die Finger kommt. Sie stapfen in Pfützen und erfahren, nicht zuletzt anhand voll gelaufener Stiefel, etwas über das Prinzip der Wasserverdrängung.

Wer Kinder bei ihren Welt-Erkundungen genauer beobachtet, wird feststellen, dass sie dabei ähnlich wie Wissenschaftler

Aus Sicht eines Entwicklungspsychologen tut Jakob nichts anderes als das, was Millionen erwachsener Menschen täglich tun: Er versucht, etwas über die Welt herauszufinden. Nur sind seine Lernziele grundsätzlich andere als die eines Erwachsenen. Sie verraten etwas über sein Wissen von der Welt und natürlich noch mehr über das, was er nicht weiß.

»Was hat das Kind vor? Welchen Teil der Welt »konstruiert« es gerade im Kopf, und warum gerade diesen?«

»Wenn man das weiß, kann man weiterfragen: Welche Unterstützung braucht das Kind bei seiner Erkundungs-Arbeit, wie kann man ihm helfen, Welten zu entdecken, auf die es von allein nicht stoßen würde?«

vorgehen – systematisch, konzentriert, mit unbeirrbarer Konsequenz. Sie unternehmen Experimente, manchmal ganze Versuchsreihen, aus denen sie Theorien ableiten, die sie wiederum durch neue Experimente untermauern – oder auch revidieren. Auf ihren Gesichtern spiegelt sich der heilige Ernst, mit dem sie ihre Ziele verfolgen.

Dieser Ernst hat seinen guten Grund: Intuitive Physik ist kein Luxusgeschenk der Natur, sondern eine schlichte Überlebensnotwendigkeit. Ohne sie wären wir, zum Beispiel, nicht imstande, einem heranfliegenden Gegenstand auszuweichen, wir würden uns den Hals brechen beim Versuch, von einem Baum zu springen oder ohne Anlauf einen Graben zu überqueren. Schon unsere Vorfahren wären vermutlich verhungert, weil sie nie ein Beutetier mit Stein oder Pfeil getroffen hätten. Die Gemeinsamkeiten zwischen Kleinkindern und Forschern haben allerdings Grenzen. Wenn der dreijährige Jakob Tauchversuche mit Walnüssen unternimmt, dann steht am Ende keine abstrakte Erkenntnis über das Wesen von Masse, Volumen und Dichte. Sein Wissen zu diesem Thema wird vielmehr bruchstückhaft bleiben, zusammengesetzt aus einzelnen, zum Teil widersprüchlichen Erfahrungen mit Nüssen in Spülbecken, Kieselsteinen in Pfützen und eigenen Tauchversuchen im Schwimmbad. Es wird lange dauern, bis sich diese Erfahrungen zu einem geschlossenen Ganzen fügen.

Wenn sie es denn überhaupt tun. In seinen Versuchsreihen zur intuitiven Physik hat Prof. Wilkening nicht nur Kinder, sondern auch Erwachsene getestet – und eine sehr ernüchternde Entdeckung gemacht, die dem traditionellen Menschenbild der Entwicklungspsychologie diametral widerspricht.

Lange hatte man angenommen, dass sich die Fähigkeit des Denkens ganz allmählich, in festgelegten Stufen entfalte – in der Weise, dass aus chaotischen, irrationalen, unvollkommenen Kindern mit der Zeit logische, rationale, vollkommene Erwachsene würden.

Von wegen. Das physikalische Weltverständnis der Erwachsenen, das zeigten Wilkenings Experimente, ist vielfach genauso bruchstückhaft wie das der Kinder. Auch in großen Köpfen wimmelt es von Irrtümern, Widersprüchen, naiven Fehlkonzepten. Aber das geheime Körperwissen, die intuitive Physik, bleibt davon unberührt. In dieser Hinsicht sind Große und Kleine gleichermaßen »vollkommen«.

»Wenn sie mich fragen, worin sich das Denken von Erwachsenen und Kindern grundsätzlich unterscheidet da habe ich wenig zu bieten«, sagt der Psychologe Friedrich Wilkening mit hintergründigem Lächeln.

Wie aber kommt es dann, dass einem die eigenen Kinder manchmal so fremd erscheinen? Jakob stellt häufig Fragen, die so seltsam sind, dass mir auf Anhieb keine Antwort einfällt. Warum haben wir im Garten keinen Vulkan? Kann man mit einem Boot auf Lava fahren? Fährst du heute nach Deutschland? Liegt Deutschland in Hamburg? Warum sind Räuber böse? Sind Räuber auch Leute? Können wir gestern noch mal Geburtstag feiern?

Aus Sicht eines Entwicklungspsychologen tut Jakob nichts anderes als das, was Millionen erwachsener Menschen täglich tun: Er versucht, etwas über die Welt herauszufinden. Seine Lernziele sind grundsätzlich andere als die eines Erwachsenen. Sie verraten etwas über sein Wissen von der Welt und natürlich noch mehr über das, was er nicht weiß. Die Liste seiner Lernziele ist lang. Manche verfolgt er nur einen Moment lang, andere beschäftigen ihn über Wochen und Monate hinweg.

Die Liste seiner Lernziele ist lang. Manche verfolgt er nur einen Moment lang, andere beschäftigen ihn über Wochen und Monate hinweg.

Dass es Berge gibt, die Feuer speien, das aber auch fließen kann und sich, wenn es kalt wird, in Steine verwandelt – eine abenteuerliche Vorstellung. Oder das Problem von Räumen und Entfernungen. Dass Hamburg und Deutschland zwei verschiedene Orte sind und trotzdem eins im anderen liegt, dass es Dinge gibt, die auf der Karte im Bilderbuch dicht beieinander liegen, aber vom Küchenfenster aus trotzdem nicht zu sehen sind – sehr seltsam. Am vertracktesten aber ist es mit der Zeit. Dass Ereignisse, die heute morgen sind, übermorgen gestern sein werden, dass es Dinge gibt, die immer wiederkommen und trotzdem einmalig sind, wie Geburtstage, dass es in dem nebelhaften Ungefähr jenseits von gestern und morgen feste Strukturen gibt – das muss sich ein Dreijähriger erst erarbeiten.

Trotzdem wäre die Welt noch vergleichsweise überschaubar, wenn man es nur mit Zeit, Raum, Vulkanismus und Ähnlichem zu tun hätte. Aber neben der Welt der Dinge gibt es noch eine andere, die um vieles komplizierter und rätselhafter ist. Sie zwingt einen, sich mit Phänomenen auseinander zu setzen, die nicht nur abstrakt, sondern auch unberechenbar sind: den Gefühlen, Gedanken, Wünschen, Absichten und Überzeugungen seiner Mitmenschen.

Und darum muss ein Dreijähriger nicht nur Physiker sein, sondern auch Experte für Psychologie. Wäre er das nicht – er würde die Welt als einen permanenten Gruselfilm erleben. Etwa so wie in folgendem Szenario, das sich, natürlich, Entwicklungspsychologen ausgedacht haben.

Ein Tisch, drumherum eine Gruppe von Hautsäcken mit länglichen Auswüchsen, die in Stoffbeutel gestopft sind. Am oberen Ende der Hautsäcke befinden sich je zwei dunklere, bewegliche Punkte, darunter ein Loch, das immer wieder Geräusche von sich gibt. Die Löcher verändern ihre Form, aus den Punkten tropft gelegentlich Flüssigkeit. Die Hautsäcke und ihre Auswüchse vollführen unablässig Bewegungen, die unregelmäßig und völlig unberechenbar sind, manchmal berühren sie einander.

Dieses Szenario beschreibt ein gewöhnliches Abendessen im Familienkreis – betrachtet mit den Augen eines Wesens, das nichts über den Unterschied zwischen Menschen und Dingen weiß. Ein solches Wesen kann natürlich nur ein Außerirdischer sein – oder aber ein sehr kleines Kind, das ja die Wirklichkeit ebenfalls ohne Vorwissen und Erfahrungen betrachtet. Das zumindest vermuteten Wissenschaftler lange Zeit. Aber sie irrten sich.

Neuere Experimente zeigen, dass schon neugeborene Babys neben ihrem »Urwissen« über Physik noch über eine andere fundamentale Erkenntnis verfügen: dass nämlich die beweglichen, mit Löchern versehenen Hautsäcke um sie herum zur selben Kategorie von Wesen gehören wie sie. Kinder zeigen das, unter anderem, indem sie von Anfang an eine deutliche Vorliebe für Gesichter und Stimmen an den Tag legen – gegenüber anderen, nichtmenschlichen Geräuschen, Gestalten oder Mustern.

Und sie verfügen über eine weitere verblüffende Fähigkeit, die der amerikanische Psychologe Andrew Meltzoff erkundete. Über ein Jahr hinweg unternahm er mit Dutzenden von Neugeborenen ein simples Experiment: Er streckte ihnen die Zunge heraus, ließ ihre Reaktion filmen und von einem neutralen Beobachter beurteilen. Ergebnis: Die zum Teil nur wenige Minuten alten Babys imitierten ihr Gegenüber, indem sie ihm ihre eigene Zunge entgegen streckten. Das, so Meltzoff, konnten sie aber nur, weil ihnen ihr Instinkt sagte, dass der Zungenstrecker zur selben Kategorie von Wesen gehörte wie sie.

Auf der Basis dieses Selbst-Verständnisses entwickeln Kinder in ihren ersten Lebensmonaten und -jahren das, was Forscher eine »Theorie des Denkens« nennen: Sie gewinnen eine Fülle neuer Erkenntnisse darüber, was in ihren Mitmenschen vorgeht – und natürlich in ihnen selbst. Sie lernen, mit ihrer Umwelt zu kommunizieren, ihre Bedürfnisse zu äußern, und irgendwann stellen sie fest, dass ihre Mitmenschen manchmal andere Bedürfnisse haben als sie selber. Sie lernen, dass es nicht nur einen Unterschied zwischen Menschen und Dingen, sondern auch zwischen Gedanken und Dingen gibt; und schließlich erkennen sie, dass Menschen Vorstellungen von der Welt haben, die richtig sein können – oder auch falsch.

Diese »Erkenntnisse« mögen einem Erwachsenen ziemlich banal vorkommen. Für Kinder aber sind sie zunächst so fremd und abwegig wie für die Zeitgenossen von Kolumbus die These, dass die Erde eine Kugel sei.

Ich hätte gern gewusst, was Jakob dachte, als er mit etwa 18 Monaten zum ersten Mal eine Banane vom Tisch nahm, ans Ohr hob und »hallo, hallo!« sagte. In diesem Moment – oder irgendwann kurz davor – muss sich für ihn die neue, faszinierende Welt der Imagination aufgetan haben. Von diesem Moment an konnte er »so tun, als ob«, konnte sich Gestalten und Wirklichkeiten erschaffen, die völlig unabhängig von den sichtbaren Dingen existierten.

Etwa um dieselbe Zeit entdeckte Jakob am Kamin den wundersamen Mechanismus der Feuerzange und machte dabei eine verstörende Erfahrung: Ausgerechnet seine Mutter, das Wesen mit dem er bis dahin in fast völliger Übereinstimmung zu leben glaubte, zeigte eine unverständliche Abneigung gegen sein neues Lieblingsspielzeug. Ein frustrierendes Erlebnis, das aber zugleich ein neues Forschungsfeld eröffnete: Von nun an galt es, bei jeder Gelegenheit auszutesten, inwieweit die eigenen Bedürfnisse mit denen der Mitmenschen kollidierten. In der Sprache der Erwachsenen heißt dieses Alter Trotzphase, in Wirklichkeit ist es ganz etwas anderes: eine intensive Trainingseinheit zum Verständnis der Mitmenschen.

Die wichtigste Kolumbus-Erfahrung steht Jakob allerdings noch bevor. Sie bildet die Voraussetzung zu einer Fähigkeit, die ihm zur Zeit noch abgeht: zum Lügen, Täuschen und Betrügen. Dass er das noch nicht kann, habe ich zwar geahnt, aber nun auch wissenschaftlich bewiesen – und zwar mithilfe eines Experiments, das mir Prof. Beate Sodian von der Universität Würzburg gezeigt hat. Ihr Forschungsthema ist die Entwicklung des sozialen Verstehens bei Kindern.

Zu diesem Experiment braucht man eine Bonbondose, einen Bleistift und ein waches Kind unter vier Jahren. Den Bleistift steckt man (heimlich) in die Bonbondose und verschließt sie. Dann fragt man das Kind, was in der Dose ist – und beobachtet, was passiert.

»Bonbons – au fein!«

»Na, dann mach mal die Dose auf.«

»Och – bloß 'n Bleistift!«

»Tja, Jakob – Pech. Sag mal, was hast du denn gedacht, was in der Dose ist, als ich sie dir eben gezeigt habe?«

Jakob denkt kurz nach. »Ein Bleistift«, sagt er dann im Brustton der Überzeugung.

»Ganz sicher?«

»Ja!«

»Wollen wir doch mal den Jan rufen und ihn fragen, was in der Dose ist. Was meinst du, was er sagen wird?«

»Ein Bleistift!«, sagt Jakob mit Nachdruck, diesmal ohne zu zögern.

Die Antwort ist natürlich falsch, aber gelogen ist sie nicht. Jakob ist überzeugt, die Wahrheit zu sagen, einfach weil er sich gar nicht vorstellen kann, jemals etwas Falsches zu sagen – sei es aus Absicht, oder sei es, weil er sich geirrt hätte. Denn ihm fehlt, sagt Beate Sodian, die Einsicht, dass es grundsätzlich zwei Wirklichkeiten gibt: die da draußen in der Welt und die in seinem Kopf.

Erst wer das begriffen hat, versteht auch, dass unsere innere Wirklichkeit, die Welt unserer Vorstellungen und Überzeugungen, nicht immer mit den objektiven Tatsachen übereinstimmt – dass wir uns irren können, manchmal auch bewusst getäuscht werden. Und sobald uns das klar ist, sind wir selber imstande, in den Köpfen unserer Mitmenschen gezielt falsche Vorstellungen zu erzeugen – zu lügen und zu täuschen.

Wenn ich also irgendwann im Laufe der nächsten Monate Jakob bei seinem ersten wohl überlegten Betrugsmanöver erwische, dann werde ich nicht schimpfen, sondern dies als Zeichen nehmen, dass er einen entscheidenden Schritt in seiner geistigen Entwicklung zurückgelegt hat. Dass Menschen fehlbar sind und ihre Ansichten der Realität subjektiv – das ist eine fast schon philosophische Einsicht, und es hat seinen Grund, dass Kinder sie in der Regel erst mit vier gewinnen. Wer ältere Geschwister hat, scheint das Lügen allerdings häufig etwas früher zu lernen – kein Wunder. Schließlich ist jede Stunde in der Gesellschaft großer Brüder oder Schwestern ein Crash-Kurs in sozialer Kompetenz.

Im vierten Lebensjahr erreicht die Stoffwechselaktivität des Gehirns ihren absoluten Höhepunkt Lügen. Flugbahnen. Vulkane. Zeit. Raum. Auftrieb. Heiraten. Wünsche. Schwerkraft.

Freundschaft. Farben. Männer und Frauen, Buchstaben und Zahlen, Gut und Böse. Was für ein ungeheures Pensum ein Mensch in seinen ersten Lebensjahren bewältigen muss. Und das sind ja nur Stichworte, Kapitelüberschriften aus einem Curriculum, das, wenn man es aufschriebe eine komplette Bibliothek füllen würde. Um dies alles fassen zu können, braucht es einen Kopf, der buchstäblich im Akkord arbeitet.

Seit Neurologen genauere Einblicke in die Arbeitsweise unseres Gehirns gewonnen haben, wissen sie: Hinter den Stirnen von kleinen Kindern tobt ein wahrer Sturm von Aktivität. Mein Kopf neben dem von Jakob: eine beschauliche Dorf- Piazza neben einem tosenden Großstadt-Rummelplatz. Der Stoffwechsel im Gehirn, der nach der Geburt steil ansteigt, erreicht mit vier Jahren einen Höhepunkt, er ist dann um die Hälfte höher als der eines Zwanzigjährigen.

In diesen frühen Jahren bilden sich Myriaden von Synapsen – Kontakten zwischen den Nervenzellen. Deren Zahl wird anschließend in einem langjährigen, gezielten Selektionsprozess wieder reduziert. Wie sich das Gehirn »verdrahtet«, welche Synapsen überhaupt gebildet werden und welche am Ende übrig bleiben – das hängt entscheidend davon ab, was wir in der Startphase unseres Lebens sehen, hören, riechen, fühlen.

Zwar bleibt unser Gehirn auch später noch formbar. Aber Neurologen und Pädagogen sind sich sicher: je komplexer und reichhaltiger unsere frühen Welt-Erfahrungen, desto größer unsere Bereitschaft, auch als Heranwachsende und Erwachsene nach komplexen, differenzierten Herausforderungen Ausschau zu halten und uns nicht mit simplen Einsichten zufrieden zu geben.

So faszinierend diese Erkenntnis ist – sie hat auch etwas Beunruhigendes. Denn sie passt nicht recht zum gängigen Bild, das man sich von Kindheit macht. »Kindheit« – das gilt als Synonym für Schonzeit, Spielzeit, für eine Lebensphase, die auf romantische Weise unberührt ist vom Ernst des Erwachsenenlebens. Kinder, so die allgemeine Überzeugung, sind Wesen, die Zuwendung, Betreuung, vor allem Schutz brauchen – vor den Herausforderungen einer Realität, die um vieles komplexer, verwirrender, auch brutaler ist als früher.

Seit einigen Jahren denken Pädagogen nun darüber nach, ob dieses Kindheits-Ideal nicht renovierungsbedürftig ist. Wenn Kinder außer schutzbedürftigen Wesen eben auch Forscher, Welterkunder, hochtourige Lerner sind – sollte ihre Umwelt dem nicht stärker gerecht werden? Welche Anregungen, welche Welt-Erfahrungen sollten Eltern und Erzieher Kindern bieten? Und was stellen Kinder eigentlich selber an, um ihren Entdeckungshunger zu stillen?

Der Kindergarten »Stoppelhopser« in Bad Oldesloe bei Hamburg ist, für einen Kindergarten, ein auffallend ruhiger Ort. Kaum Geschrei und Gerenne, keine schrillen Ermahnungen, keine gestressten Erzieher-Mienen. Stattdessen hier und da kleine Gruppen von Kindern, die mehr oder weniger in sich versunken ihrem jeweiligen Tagewerk nachgehen.

Eigentlich herrscht in diesem Kindergarten, nach traditionellen pädagogischen Maßstäben, das blanke Chaos. Es gibt weder Stundenpläne noch ein verbindliches Tagesprogramm, weder festgelegte Frühstückszeiten noch säuberlich getrennte

Einzelgruppen. Es gibt noch nicht einmal unverrückbare Möbelstücke. Gerade kommt ein Tisch die Treppe herunter, kopfüber, getragen von sechs Kindern mit hochkonzentrierten Mienen und vor Anspannung weißen Fingerknöcheln.

Man kann so etwas nicht ansehen, ohne im Geiste herbeizuspringen und zuzupacken: Mein Gott, Kinder, was macht ihr da, das ist doch zu schwer, da kann doch was passieren! Aber die Erzieherin, die den Transport begleitet, greift nicht ein, sie beobachtet nur genau, wie die Holzplatte Zentimeter für Zentimeter die Stufen hinabwandert und hinter der Tür eines geräumigen Zimmers verschwindet. Hier soll jetzt der Versuch unternommen werden, erklärt die Erzieherin, eine mehrstöckige Höhle zu bauen.

Bei den »Stoppelhopsern« stellen Kinder noch ganz andere Sachen an. Da gibt es einen Werkraum, in dem Schraubenzieher, Feilen und Sägen an der Wand hängen. Die dürfen sogar Vierjährige ohne Aufsicht benutzen – vorausgesetzt, sie haben zuvor in einer »Werkstatt-Prüfung« bewiesen, dass sie mit solchen Dingen sicher hantieren können.

Die Kinder dürfen von Schränken herab auf Kissen und Matten springen, sie dürfen in der Sandkiste schwere Holzblöcke herumwuchten oder einfach nur in einem Winkel still vor sich hin meditieren. Einmal, erzählt die Kindergartenleiterin Martina Faber-Scheel, ist es einer Gruppe von Sechsjährigen eingefallen, auf ihren Auto-Sitzschalen die Treppen herunterzurutschen. Da ist einigen Erzieherinnen dann doch erst mal die Luft weggeblieben. Aber es ist nichts passiert. Es ist überhaupt noch nie zu einem Unfall gekommen, seit – ja, seit die Erzieherinnen der »Stoppelhopser« begonnen haben, ihre Schützlinge mit neuen Augen zu betrachten.

Vor drei Jahren erhielt der Kindergarten einen Anruf aus Berlin – von einem Forschungsinstitut namens *infans*. Die Mitarbeiter dieses freien, 1988 gegründeten Instituts befassen sich mit einer Frage, die in der Pädagogik eher selten gestellt wird: wie sich die theoretischen, in Laborversuchen gewonnenen Erkenntnisse der Entwicklungspsychologie in praktische Erziehungskonzepte umsetzen lassen.

1997 startete *infans* ein Langzeitprojekt zum »Bildungsauftrag von Kindertageseinrichtungen«. Auftraggeber waren das Bundesfamilienministerium sowie die zuständigen Ministerien in Sachsen, Brandenburg und Schleswig-Holstein. Hinter dem sperrigen Titel des Projekts verbarg sich ein Stück spannender, auch unkonventioneller pädagogischer Feldforschung: Über drei Jahre hinweg dokumentierten die Wissenschaftler mit Kameras und Fragebögen alltägliche Spielszenen in insgesamt zwölf Kindertagesstätten der drei beteiligten Bundesländer. Ihr Ziel: herauszufinden, wie Kinder die Welt entdecken.

Wenn der *infans*-Leiter Hans-Joachim Laewen seine Videos vorführt, hat man als Zuschauer bisweilen das Gefühl, Zeuge einer ethnologischen Exkursion zu sein. Hier wird, Bild für Bild, ein Volksstamm besichtigt, dessen Rituale und Kommunikationsformen noch weitgehend unentschlüsselt sind. Da sieht man zwei Jungen, zwei und drei Jahre alt, die um einen roten Würfel herumlaufen, mal rechts, mal links herum. Auf dem Tisch daneben warten Luftballons, die beklebt werden sollen, aber die beiden blicken gar nicht hin, sie laufen und laufen, insgesamt 20 Minuten lang.

Warum tun sie das?

Diese 20 Minuten, erklärt Hans-Joachim Laewen, seien nur ein kurzer Ausschnitt aus zwei Langzeitprojekten mit den Titeln »Eroberung des eigenen Körpers« und »Organisation sozialer Bindung«: Die beiden seien damit beschäftigt, Bewegungskoordination und Raumorientierung zu trainieren. »Das tun Kinder unter anderem, indem sie Kreise laufen – die jüngeren große, die älteren immer kleinere. Nebenbei üben die beiden kleinen Läufer noch etwas anderes: wie man die eigenen Bewegungen mit denen eines Partners synchronisiert.«

Nächster Film. Sechs Kinder zwischen fünf und sieben spielen in einem Bällebad, einem runden Becken, das mit Hunderten bunter Plastikkugeln gefüllt ist. Was auf den ersten Blick als fröhliches Tohuwabohu erscheint, verwandelt sich bei genauem Hinsehen in eine planvolle Inszenierung aus vielen Einzelszenen, in denen jeder Mitspieler spontan seine Rolle übernimmt. Die Regieanweisungen folgen so schnell aufeinander, dass man als Zuschauer leicht den Faden verliert: Auf »jeder springt ins Bad, wie er will« folgt »immer drei nacheinander und stopp«, dann »alle sechs gemeinsam in Formation«, dann »nur einzeln mit der Puppe im Arm«, dann »alle hinein und gegenseitig feste bewerfen«, schließlich »bewerfen, aber nur sanft«.

Hier geht es um mehrere Dinge gleichzeitig. Um Flugbahnen natürlich, um Körper-Koordination, aber vor allem um – Moral. Die scheinbar spontane Spielinszenierung ist das Resultat ständiger Verhandlungen – um das, was im Moment gerade richtig und falsch, verboten oder erlaubt ist. Die Kinder entwickeln miteinander Regeln, definieren ihre eigenen Grenzen, üben sich in der schwierigen Kunst des Interessenausgleichs zwischen Tonangebenden und Schwächeren.

Natürlich haben Kinder bei solchen Spielen stets im Hinterkopf, was Erwachsene ihnen schon alles über Gut und Böse, Erlaubtes und Verbotenes gesagt haben. Aber die Belehrungen der Großen bleiben für Kinder letztlich immer Theorie. Wie Moral praktisch funktioniert, lernen sie nur im Umgang mit Gleichaltrigen. Erwachsene sollten sie dabei gewähren lassen – und einsehen, dass ein Gewinn an Welt-Kenntnis manchmal nur um den Preis von Tränen, Schrammen und blauen Flecken zu erreichen ist.

Aber das fällt Erwachsenen oft unendlich schwer.
Die Kinder-Spiele, die von den *infans*-Mitarbeitern gefilmt wurden, hatten eines gemeinsam: Sie wären nach den Kindergartenregeln eigentlich verboten gewesen.

Der Welterkundungsdrang von Kindern, so die ernüchternde Erkenntnis des Projekts, wird im durchschnittlichen deutschen Kindergarten oft nicht nur ignoriert, sondern sogar behindert. Was Kinder umtreibt, was in ihren Köpfen vorgeht, wie und was sie lernen – davon haben die Menschen, die von Berufs wegen täglich mit ihnen umgehen, viel zu wenig Ahnung.

20 Minuten im Kreis rumlaufen, einfach nur so? »Kommt endlich an den Tisch, wir wollen jetzt basteln!« Zu sechst ins Bällebad springen? »Sofort raus da, ihr wisst doch, immer nur drei auf einmal, und nicht bewerfen!« Vom Spielzeug-Schrank auf Matratzenstapel springen, zu sechst um ein Spielzeugauto streiten, eine Viertelstunde auf einem Stuhl stehen, einen Wollfaden in der Hand, und nur den eigenen Gedanken nach-hängen alles im normalen Kindergartenalltag nicht vorgese-hen, weil zu gefährlich, zu unruhig oder bloß unsinnig.

Manchmal brauchen Erwachsene eben eine Kamera und eine Art Dolmetscher, um zu begreifen, was der unbekannte Volksstamm in ihrer Mitte eigentlich tut. Man muss ihnen be-hutsam erklären, was im Grunde doch furchtbar einfach ist: dass Kinder niemals Unsinn treiben, sondern, genau wie die Großen, klare Ziele verfolgen, systematisch und ernsthaft ihr Weltwissen erweitern.

Vielleicht begreifen Erwachsene das deshalb so schwer, weil sie unter Wissen und Bildung etwas verstehen, das von oben herab in die Köpfe der Nachwachsenden einzufüllen ist. Aber so ist es eben nicht. »Kinder«, sagt Hans-Joachim Laewen, »kann man nicht bilden. Sie bilden sich selbst, von Anfang an. Die Pädagogik muss endlich zur Kenntnis nehmen, dass wir Informationen nicht passiv wie Computer verarbeiten, son-dern sie aktiv erobern, selbstständige Konstrukteure unserer eigenen Kenntnisse sind.« Ein Kindergarten für Welt-Kon-strukteure – der müsste natürlich anders aussehen als die Ein-richtungen, die derzeit diesen Namen trauen. Wie radikal die Konsequenzen aus diesem neuen Kinder-Bild sein können, lässt sich, unter anderem, in Italien besichtigen. Die Kindergärten der Region Reggio Emilia sind seit einigen Jahren zu Wallfahrtszielen für Pädagogen aus aller Welt geworden – weil sie, streng genommen, längst keine Kindergärten mehr sind, sondern Forschungslabors. Hier können Kinder mit einer Fülle von Materialien und Techniken, aber auch mithilfe professioneller Künstler, ihre eigenen Begriffe von der Welt und sich selbst entwickeln.

Es gibt, bislang, noch kein deutsches Pendant zu Reggio. Aber es gibt eine Reihe von Kindergärten, die sich mehr oder weniger radikal verändert haben. Nicht zuletzt dank des *infans*-Projekts.

Martina Faber-Scheel spricht gern von »Zumutungen«, wenn sie vom Kindergarten-Alltag erzählt. Damit meint sie nicht nur das, was Kinder so anstellen, sondern auch das, was Erziehern alles einfällt, um Kinder herauszufordern.

Den Kindern der Tagesstätte »Stoppelhopser« wird einiges zugemutet. Früher durften sie mit Wachskreide zu vorgegebenen Themen malen – heute stehen plötzlich drei große Farbtöpfe mit Rot, Blau und Grün in der Turnhalle: Was fällt euch dazu ein? Was kann man mit diesen Farben machen?

Früher bekamen die Kinder ihr Frühstück in eingeteilten Portionen auf bruchsicheren Plastiktellerchen serviert. Heute gibt es ein Büffet mit Porzellangeschirr – was die Kinder zu größerer Umsicht zwingt, und auch zu selbstständigen Entscheidungen über ihre Vorlieben und ihr Fassungsvermögen.

Und wenn »draußen spielen« früher gleich bedeutend war mit beschaulichem Sandkastenbuddeln, so geht es jetzt in den Stadtpark zum Bäumeklettern oder ins Naturkunde-Museum. Erst kürzlich haben die Kinder ein Forschungsprojekt zum Thema Wale absolviert, bei dem sie, unter Anleitung von Meeresbiologen, herausfanden, wie man ein Walskelett ausgräbt und zusammensetzt. Das ist schon eine tüchtige Portion Bildung für Menschen unter sechs, die vielleicht gerade ihren

»Die Erziehung von Welt-Erkundern macht jeden Erzieher unweigerlich selber zum Forscher und Entdecker.«

Namen schreiben können und zum Teil noch Hilfe beim Zubinden ihrer Schuhe brauchen. Manche Eltern äußerten anfangs die Befürchtung, die neue Selbstbildungs-Offensive bedeute für die Kinder eine Überforderung. Andere hegten einen noch schlimmeren Verdacht: Das ganze Konzept sei letztlich nichts als ein Rückfall in die Laisser-faire-Pädagogik der 70-er Jahre. Wo es keine Tagesordnung und kaum noch feste Regeln gibt, wo Erzieherinnen sich weitgehend auf den Status neutraler Beobachter zurückziehen – was kann da am Ende anderes herauskommen als Chaos und Anarchie? Liest man nicht allenthalben davon, dass Kinder klare Grenzen und Verhaltensnormen brauchen, eine Rückkehr zu traditionellen Tugenden wie Disziplin, Pünktlichkeit, Rücksichtnahme?

»Auf den ersten Blick« sagt Martina Faber-Scheel, »machen wir es uns natürlich leicht. Wir versuchen nicht mehr, selbstgesteckte Erziehungsziele gegenüber den Kindern durchzusetzen. Wir versuchen vielmehr, herauszufinden, was die Kinder selber wollen.«

Das klingt einfach – und ist doch das Schwierigste am Erziehen überhaupt. Weil es einen zwingt, zu beobachten – nicht neutral, sondern neugierig, forschend, analysierend: Was hat das Kind vor? Welchen Teil der Welt »konstruiert« es gerade im Kopf, und warum gerade diesen? Wenn man das weiß, kann man weiterfragen: Welche Unterstützung braucht das Kind bei seiner Erkundungs-Arbeit, wie kann man ihm helfen, Welten zu entdecken, auf die es von allein nicht stoßen würde?

Die Erziehung von Welt-Erkundern macht jeden Erzieher unweigerlich selber zum Forscher und Entdecker. Sie nötigt zum ständigen Fragen, Zweifeln, Rätseln, Diskutieren, aber auch zur Auseinandersetzung mit Wissensgebieten, die einem ursprünglich fern lagen. Das kann verdammt anstrengend sein. Aber den Kindern tut es gut.

Die »Stoppelhopser« haben sich im Laufe der Jahre jedenfalls deutlich verändert. Sie sind selbstständiger geworden,

»…Wir versuchen nicht mehr, selbstgesteckte Erziehungsziele gegenüber den Kindern durchzusetzen. Wir versuchen vielmehr, herauszufinden, was die Kinder selber wollen.«

»Sie nötigt zum ständigen Fragen, Zweifeln, Rätseln, Diskutieren, aber auch zur Auseinandersetzung mit Wissensgebieten, die einem ursprünglich fern lagen.«

wissbegieriger, aufnahmefähiger, zugleich auch gelassener und rücksichtsvoller im Umgang miteinander. Das finden sogar die Eltern, die zeitweise über einen Kindergartenwechsel nachgedacht haben – und sei es nur wegen der frei herumhängenden Sägen im Werkraum.

»Das kann verdammt anstrengend sein. Aber den Kindern tut es gut.«

Jakob übrigens kommt demnächst auch in den Kindergarten. Er freut sich darauf, und ich mich auch, denn der Kindergarten ist klasse, und ganz sicher wird er auch aus Jakob einen selbstständigen, rücksichtsvollen und gelassenen Menschen machen. Manchmal ist er das schon jetzt. Aber eben nicht immer. Gerade ertönt gellendes Geschrei aus dem Spielzimmer.

»Das ist mein Raumschiff!«

»Nein, meins!«

»Ich hatte es aber zuerst!«

»Nein, ich!«

»Nein!« »Gib es her!«

»Neiiin!«

Hier handelt es sich, ich erkenne es ganz klar, um eine Lerneinheit zum Thema Moral, Stärke und Bruderliebe. Ich sollte vielleicht schnell nach oben gehen, bevor Jan und Jakob zum Thema »Verhalten fester Körper im freien Flug« übergehen. Rrrums! Krach! Peng! Zu spät. Jetzt bleibt mir nur noch, Tränen zu trocknen.

Sie sind immer wieder schön, diese Momente, in denen man seine Kinder komplett durchschaut. Aber sie zeigen auch: Am Ende sind einem diese fremden Wesen immer einen entscheidenden Schritt voraus.

Und er bewegt sich doch der Tisch.
Es gibt Dinge, die muss
man einfach selbst probieren –
auf die Gefahr hin,
dass man sich wie Georg,
dabei blaue Flecke holt.

Hans-Joachim Laewen / Beate Andres

· ·

Vorbemerkung

In diesem Band sind Arbeitsergebnisse des Modellprojektes »Zum Bildungsauftrag von Kindertageseinrichtungen«, das zwischen 1997 und 2000 in Kooperation mit Kindereinrichtungen der drei beteiligten Bundesländer durchgeführt worden ist, mit Blick auf ihre Konsequenzen für die pädagogische Praxis in Kindertageseinrichtungen aufbereitet worden. Während unserer Arbeit im Projekt sind wir auf das Problem gestoßen, dass – auch im Schulbereich – keine allgemein akzeptierte inhaltliche Ausdeutung des Bildungsbegriffs vorlag, die als Grundlage für die Ausarbeitung eines Bildungsbegriffs für den Vorschulbereich hätte dienen können. Die Projektgruppe musste deshalb über weite Strecken Neuland betreten und in diesem Sinne auch theoriebetonte Entwicklungsarbeit leisten. Durch die systematische Kooperation mit Kindertageseinrichtungen und Fachkräften aus Trägerverwaltungen, Beratung und Ausbildung konnten jedoch die theoretischen Entwürfe sogleich unter Praxisbedingungen erprobt und diskutiert werden, so dass schließlich ein Konzept entstanden ist, das in seinen grundlegenden Teilen eine erste Bewährung unter Praxisbedingungen schon bestanden hat.[1]

Im ersten Teil des hier vorgelegten Bandes wird noch einmal die Argumentation zusammengefasst, die aus unserer Sicht zu einer Neuorientierung in der pädagogischen Arbeit im Vorschulbereich führen muss. Bildung und Erziehung müssen neu verstanden und in eine fruchtbare Beziehung zueinander gebracht werden. Im zweiten Teil folgen Vorschläge für prakti-

· ·

[1] Siehe auch den Band Laewen, H.-J. & Andres, B. (Hrsg.): »Bildung und Erziehung in der frühen Kindheit – Bausteine zum Bildungsauftrag von Kindertageseinrichtungen«. Neuwied, Kriftel, Berlin 2002.

sche Vorgehensweisen, mit denen die ersten Schritte in diese Richtung getan werden können. Sie stellen keine vollständig ausgearbeitete Programmatik für pädagogisches Handeln in Kindertageseinrichtungen dar, sondern bieten Schlüssel zum Verstehen der pädagogischen Aufgabe an, zusammen mit einigen Vorschlägen, die das aus unserer Sicht vielleicht schwerwiegendste Problem lösen könnten: Die »Sehschwäche« der Erwachsenen gegenüber den Themen der Kinder, ohne deren Kenntnis Pädagogik jedoch vermutlich nicht erreichen kann, was sie leisten soll.

Ohne die Kooperation und die Unterstützung vieler Menschen hätte das Projekt, auf das sich dieses Buch stützt, nicht durchgeführt werden können. Gedankt sei deshalb den Eltern, die sich einverstanden erklärten mit Filmaufnahmen in den Kindertageseinrichtungen und den Jungen und Mädchen, die es – von wenigen Ausnahmen abgesehen – meist wohlwollend zuließen, dass wir ihre Aktivitäten mit der Kamera aufzeichneten. Danken möchten wir auch den Mitarbeiterinnen in den beteiligten Kindertageseinrichtungen und den Mitgliedern der Entwicklungsgruppen aus den drei beteiligten Bundesländern. Die Erzieherinnen haben mit viel Engagement und hohem Zeitaufwand das Tun der Kinder dokumentiert, haben unsere Nachfragen geduldig beantwortet und waren zu vielen Gesprächen über die Bildungswege und -themen der Jungen und Mädchen bereit. Die Mitglieder der Entwicklungsgruppen – Berater/innen, Trägervertreter/innen, Fachschuldozentinnen und Dozenten, Elternvertreter/innen, die Leiter/innen der Modellkitas – waren unterstützende, manchmal unbequeme, immer kritische, oft konstruktive Begleiter/innen unserer Arbeit, in der sie eigene Akzente gesetzt haben und in deren Rahmen sie uns nie in die Theoriewüsten entkommen ließen, deren Oasen so erholsam sind.

Was auch noch gesagt werden muss

Unser Dank gilt den Expertinnen und Experten, die uns im Verlauf des Projekts beraten und die mit uns zu verschiedenen Themenschwerpunkten diskutiert haben. Das gilt für die Mitglieder des Projektbeirats, der unsere Arbeit kritisch und mit Rat und Ideen unterstützend begleitet hat. Das gilt aber auch für Christa Preissing, Carola Wildt, Hans Rudolf Leu und insbesondere Gerd E. Schäfer, der uns während des gesamten Projektes ein interessierter Gesprächspartner war und nicht müde wurde, mit uns in vielen Stunden Bildungsprozesse von Kindern aus verschiedenen Perspektiven zu beleuchten.

Zu danken ist schließlich den beiden studentischen Mitarbeiterinnen Nina Frontzeck und Jale Bulut, die viele Tonbandprotokolle in mühevoller Arbeit verschriftlicht und Literatur auch aus fernen Bibliothekswinkeln beschafft haben.

Berlin, Dezember 2001 *Hans-Joachim Laewen*
Beate Andres

Hans-Joachim Laewen

. . . .

Was Bildung und Erziehung in Kindertageseinrichtungen bedeuten können

Das Kinder- und Jugendhilfegesetz der Bundesrepublik Deutschland bestimmt in § 22, dass in Kindertageseinrichtungen »die Entwicklung des Kindes zu einer eigenverantwortlichen und gemeinschafsfähigen Persönlichkeit gefördert werden (soll)«. Und gleich anschließend heißt es: »Die Aufgabe umfasst die Betreuung, Bildung und Erziehung des Kindes.« Diese Formulierung wird allgemein so verstanden, dass Kindertageseinrichtungen – also auch Tagespflegestellen, was oft übersehen wird – neben einer bloßen Betreuung von Kindern auch einen Bildungs- und Erziehungsauftrag zu erfüllen haben. Das kann nichts anderes bedeuten, als dass sie als Bestandteil des Bildungssystems der Bundesrepublik gelten müssen.

Das klingt nicht schlecht und wertet die Arbeit der dort Beschäftigten auf, befinden sie sich doch auf diese Weise im selben Club wie die allgemein bildenden Schulen, die Fach- und Hochschulen des Landes und die Einrichtungen der beruflichen Bildung. Für die pädagogischen Fachkräfte in den neuen Bundesländern, die schon in der DDR in diesem Bereich gearbeitet haben, ist die Situation so neu nicht. In der DDR galt die Kinderkrippe als erste Stufe des sozialistischen Bildungssystems, war allerdings dem Gesundheitsministerium zugeordnet, während der Kindergarten dem Ministerium für Volksbildung unterstellt war. Es existierten auch detailliert ausgearbeitete Programme, einerseits für die »Erziehungsarbeit in Kinderkrippen«, andererseits für die »Bildungs- und Erziehungsarbeit im Kindergarten«. Feine Unterschiede also auch dort zwischen den Kindern, die jünger als drei Jahre waren, und den Kindergartenkindern.

Erziehung, so könnte man daraus schließen, hat von Beginn an ihre Notwendigkeit, mit der Bildung könnte vielleicht gewartet werden, bis die Kinder etwas älter geworden sind. Allerdings war in der DDR über die beiden Programme – in dieser Hinsicht den Lehrplänen der Schulen durchaus vergleichbar – auch klar definiert, was unter Erziehungs- und Bildungsarbeit verstanden werden sollte. Es dürfte nicht zuletzt an diesen klaren Vorgaben liegen, dass in den Kindertageseinrichtungen der neuen Bundesländer auch heute noch über weite Strecken zumindest in Anlehnung an diese Programme gearbeitet wird.[1]

In den alten Bundesländern der nun gemeinsam zu gestaltenden Bundesrepublik sieht die Situation anders aus. Hier ist der Bildungs- und Erziehungsauftrag der Kindertageseinrichtungen nicht näher definiert, so dass man sich wundern mag, auf welche Weise hier wohl über Erfolg oder Misserfolg der Arbeit hinsichtlich der Bildung und Erziehung geurteilt werden soll. Denn ohne eine Konkretisierung der Begriffe oder ersatzweise die verpflichtende Einführung eines Lehrplans für Kindertageseinrichtungen ließen sich Urteile dieser Art fachlich kaum begründen. Allerdings würde der Versuch, ein Curriculum für den Vorschulbereich verbindlich zu machen, in den alten Bundesländern wohl auf ernstlichen Widerstand stoßen, galt doch bisher der Konsens, diese Lebensphase der Kinder frei von Leistungserwartungen zu halten, wie sie aus der Schule bekannt sind.

Einen nicht weiter definierten Bildungs- und Erziehungsauftrag erfüllen zu sollen – das kann auch nicht so recht ernst gemeint gewesen sein und konsequenterweise wurde dies bis-

[1] Leider gibt es keine systematische Aufarbeitung dieser Konzepte unter Berücksichtigung der neuen gesellschaftlichen Bedingungen, unter denen und auf die hin Kinder nach der Wende aufwachsen. Zumindest aber muss gefragt werden, ob die »alten« Konzepte noch für die neuen Verhältnisse taugen.

her auch nirgendwo überprüft. Allerdings sind seit einigen Jahren erhebliche Anstrengungen zu beobachten, das Problem einer Erfolgskontrolle auf andere Weise zu lösen: über die Einführung von Qualitätsmaßstäben für die Beurteilung der pädagogischen Arbeit und ihrer Rahmenbedingungen. Zurzeit werden an mehreren Orten der Bundesrepublik [2] von Expertengruppen entsprechende Kriterien für die interne und externe Qualitätsfeststellung und -entwicklung erarbeitet, die ab dem Jahr 2002 zur Verfügung stehen werden. Ähnlich wie das in den Schulen bereits geschieht [3], muss deshalb wohl damit gerechnet werden, dass über kurz oder lang vergleichende Untersuchungen der Qualität der pädagogischen Arbeit in Kindertageseinrichtungen auf der Tagesordnung stehen werden.

Der Ausweg, über Verfahren einer Qualitätsfeststellung dem Dilemma nicht definierter Bildungs- und Erziehungskonzepte zu entkommen, kann aber nicht zum Ziel führen, weil – zumindest solange der Bildungs- und Erziehungsauftrag des KJHG nicht durch einen »Qualitätsentwicklungsauftrag« ersetzt wurde – die Erfüllung eben dieses Auftrags ein wichtiges Kriterium für Qualität sein muss. Ob die derzeit entwickelten Maßstäbe für die Feststellung der Qualität der pädagogischen Arbeit in Kindertageseinrichtungen aber überhaupt mit den gesetzlichen Aufgaben »Bildung und Erziehung« zusammenpassen, ist bislang nicht überprüft worden.

Vor diesem Hintergrund ist die Frage legitim, warum der vorschulische Bereich so unversehens zum Objekt von derartigen Bemühungen wird, obwohl sich doch – zumindest seit dem Abschluss des so genannten Erprobungsprogramms vor annähernd zwanzig Jahren – lange Zeit in dieser Sache kaum etwas getan hat. Eine Antwort findet sich, wenn der Bildungsbereich als Ganzes in den Blick genommen wird: Das Bildungssystem der Bundesrepublik wird zurzeit auf Grund großer Herausforderungen durch die globalisierten Wirtschaftsverflechtungen und die sich daraus ergebenden An-

---

[2] Die Nationale Qualitätsinitiative im System der Tageseinrichtungen für Kinder, gefördert durch das Bundesministerium für Familie, Senioren, Frauen und Jugend.

[3] Vgl. die Ergebnisse der TIMS-Studie und die der PISA-Untersuchung, in denen die deutschen Schulen im internationalen Vergleich gar nicht gut aussehen.

forderungen an die Qualifizierung der Fachkräfte grundle-
gend reformiert. »Mehr Bildung« wird vom Präsidenten der
deutschen Arbeitgeberverbände als Bedingung für die Bewältigung zukünftiger Aufgaben gefordert und bereits 1997 rief
der damalige Bundespräsident Herzog dazu auf, die Bildungssysteme der Republik auf ihre Leistungsfähigkeit zu überprüfen und zu reformieren. In seiner von den Medien stark beach-
teten Rede kamen jedoch Kindertageseinrichtungen nicht vor.
Erst in der Rede, die der jetzige Bundespräsident Rau im Juli
2000 auf einer Tagung des »Forum Bildung« hielt, fanden zumindest die Kindergärten gleich mehrfach Erwähnung. Die
Zugehörigkeit von Kindertageseinrichtungen zum Bildungssystem ist in allerjüngster Zeit sozusagen wieder entdeckt
worden.

Was aber – und das führt uns zu dem Beginn dieses Beitrags
zurück – bedeuten Bildung und Erziehung in einem Alter, für
das bisher vielleicht Erziehungsvorstellungen existierten,
aber von Bildung doch im Ernst nicht die Rede war? In dem
Projekt, dessen Arbeitsergebnisse die Grundlage für die Texte
dieses Bandes bilden, wurde diesen Fragen nachgegangen
und von den gefundenen Antworten und ihren Konsequenzen
für die Kindertageseinrichtungen soll jetzt die Rede sein.

Was unter Bildung verstanden werden soll

Für viele mag sich Bildung wie ein Begriff anhören, der aus
alter Zeit stammt und ein wenig verstaubt ist. Tatsächlich
geht er in seiner neuzeitlichen Bedeutung auf Wilhelm von
Humboldt zurück, ist also eine Schöpfung des frühen 19. Jahrhunderts, wurde seitdem jedoch zu einem Grundbegriff der
deutschsprachigen Pädagogik. Allerdings haben während
der 70er Jahre des 20. Jahrhunderts selbst Erziehungswis-
senschaftler daran gezweifelt, ob dieser Begriff noch für die
Beschreibung der komplizierten Prozesse taugt, die mit dem
Aufwachsen und dem Lernen – in gewissem Sinne also mit

dem Erwachsen-Werden – von Kindern zusammenhängen. Die Schwierigkeiten mit dem Begriff haben sich bis zum heutigen Tag nicht recht beheben lassen und so gibt es, so erstaunlich das klingen mag, auch heute noch keine allgemein akzeptierte Beschreibung davon, was man sich unter Bildung eigentlich vorzustellen habe. Einen »zerfaserten Begriff« nennt ihn ein bekannter Erziehungswissenschafler. Die Rede von Bildung »sei immer noch diffus,... manchmal auch nur dunkles Gerede«, klingt es aus der Humboldt-Universität.

Wenn sich der Begriff Bildung in den letzten Jahren also sozusagen wie ein Phönix aus der Asche erhoben hat und zum Zentrum vielfältiger Bemühungen geworden ist, die Zukunftsfähigkeit der Bundesrepublik Deutschland im internationalen Wettbewerb um Wohlstand und Einfluss zu sichern und die nachwachsende Generation für die zukünftige »Wissensgesellschaft« fit zu machen, dann muss es damit wohl etwas Besonderes auf sich haben. Was aber steckt nun hinter diesem ein bisschen angestaubt wirkenden Begriff Bildung? Und was, um die Frage gleich hinzuzufügen, was hat es mit der Erziehung auf sich, dem anderen Begriff, der wieder häufiger im Gespräch ist? Soll »mehr Bildung«, wie der Arbeitgeberpräsident fordert, dafür sorgen, dass mehr Kinder klüger gemacht werden als bisher, und »mehr Erziehung«, dass sie sich dann auch noch gut benehmen und zum Beispiel keine Aus-länder verprügeln? Im Prinzip beides, würden wir aus der Erfahrung der Projektarbeit sagen, aber ganz anders, als wir uns das bisher alle vorgestellt haben, und darüber hinaus können Bildung und Erziehung, richtig verstanden, eigentlich mehr leisten, als in diesen beiden Forderungen verlangt wurde. Aber der Reihe nach.

Eigentlich hatte Wilhelm von Humboldt vor rund 200 Jahren die richtige Idee, auch wenn schon zu seinen Lebzeiten der Streit um die Bedeutung des Begriffs ausbrach. Hartmut von Hentig, der 1996 ein Buch über Bildung veröffentlicht hat, fast die Vorstellungen Humboldts so zusammen: »Bildung ist die Anregung aller Kräfte eines Menschen, damit diese sich über die Aneignung der Welt in wechselseitiger Ver- und Beschränkung harmonisch-proportionierlich entfalten und zu einer sich selbst bestimmenden Individualität oder Persönlichkeit führen, die in ihrer Idealität und Einzigartigkeit die Menschheit bereichere.« (von Hentig 1996, S. 40.)

Das hört sich nun zwar schon wieder mehr als verstaubt an, aber wenn Bildung etwas mit der »Anregung aller Kräfte eines Menschen« zu tun haben soll, darf man schon fragen, warum damit gewartet werden soll, bis ein Kind in die Schule kommt. Ist es dann nicht vielleicht schon zu spät dafür? Die moderne Forschung lässt eine solche Frage durchaus als b,erechtigt erscheinen. In der Ausgabe der Süddeutschen Zeitung vom 28./29.7.2001 argumentiert Wolf Singer, Direktor des Max-Planck-Instituts für Hirnforschung: »Falsches oder fehlendes Verständnis von Lernprozessen in frühen Lebensphasen kann zu Versäumnissen führen, die später kaum durch Bildungssysteme wettgemacht werden können, wie optimiert sie auch immer sein mögen.« Und selbst aus den Wirtschaftswissenschaften kommt eine nachdrückliche Befürwortung, mit dieser »Anregung aller Kräfte« eher früh zu beginnen. Der Nobelpreisträger für Wirtschaftswissenschaften des Jahres 2000, James Heckman, antwortete in einem Interview auf die Frage nach seinen Prioritäten hinsichtlich der Verteilung von staatlichen Fördermitteln: »Vor allem auf Kleinkinder. Eine stimulierende Umgebung im frühesten Kindesalter hat riesige Auswirkungen auf die Perspektiven eines Kindes. Die frühe Kindheit ist in der modernen Gesellschaft eine Hauptursache für wirtschaftliche Ungleichheit.« (Wirtschaftswoche Nr. 44 vom 26.10.2000. S. 23–24.)

Das alles weist darauf hin, dass Bildung, so weit sie etwas mit der »Anregung aller Kräfte eines Menschen« zu tun hat, so früh wie möglich beginnen müsste; ganz sicher vor Beginn der

Schule, als öffentliche Aufgabe also in den Kindertageseinrichtungen.

»Aber«, so könnte ein Einwand lauten, »sind in dem frühen
Alter nicht in erster Linie die Familien der Kinder entscheidend für die Fortschritte in ihrer Entwicklung? Können Kindertageseinrichtungen hier überhaupt etwas ausrichten?«
Eine Antwort darauf finden wir in den Forschungsarbeiten, die
in den Industrieländern seit vielen Jahren zum Einfluss einer
frühen Tagesbetreuung von Kindern durchgeführt wurden.
Eine dieser Untersuchungen aus den letzten Jahren wurde in
der Bundesrepublik erarbeitet und eines ihrer wichtigsten Ergebnisse ist das Folgende: Unabhängig von den Familien, aus
denen die Kinder kamen, beeinflusste die Qualität der pädagogischen Arbeit in den untersuchten Kindertagesstätten das
Sprachverständnis von knapp 5-jährigen Kinder ganz erheblich. Betrachtet man die Extremwerte, so war ein Kind, das
eine sehr schlechte Kindertageseinrichtung besuchte, gegenüber einem Kind, das eine sehr gute besuchte, um ein volles Jahr
in seiner Entwicklung des Sprachverstehens zurück (Tietze et
al. 1998). Da das Verstehen der Sprache ohne weiteres mit allen Vorstellungen von Bildung zusammenpasst, heißt dies
nichts anderes, als dass Kindertageseinrichtungen den Leistungen der Familien hinsichtlich der Bildung der Kinder etwas hinzufügen, was sie ganz allein zu verantworten haben.
Zweifellos sind die Familien die wichtigsten »Orte für Kinder«, wenn es um Bildung in den frühen Jahren geht, aber der
Beitrag der Kindertageseinrichtungen ist deshalb nicht gering
zu schätzen; er ist größer, als sie selbst es vielleicht wahrhaben
wollen.

Wenn wir nun also glauben, dass Bildung etwas mit der »Anregung aller Kräfte« der Kinder zu tun haben könnte, dass
damit schon früh begonnen werden muss und Kindertageseinrichtungen einen erheblichen und für die Kinder folgenrei-
chen Anteil daran haben, dann ergibt sich daraus ein ganzes

Bündel von Fragen, danach wie diese Anregung aussehen könnte, wenn sie erfolgreich sein soll. Dazu wird noch einiges zu sagen sein, aber zuvor müssen wir klären, ob Bildung mit »Anregung aller Kräfte« schon zufrieden stellend beschrieben ist. Das ist nicht der Fall, denn in Humboldts Vision von Bildung gibt es noch ein Zweites, das nicht übergangen werden darf: Die »Anregung aller Kräfte« soll ja einen Zweck haben, nämlich den, »damit diese sich über die Aneignung von Welt… entfalten«. Mit der »Aneignung von Welt« kommt ein Aspekt ins Spiel, der noch einmal über das bisher Verstandene hinausweist. Aneignung von Welt ist auch in den modernen Sozialwissenschaften, die sich mit der Sozialisation von Kindern befassen, ein wohl bekannter Begriff. Aneignung von Welt meint, dass Kinder sich über ihre Sinneserfahrungen und ihr Handeln ein »Bild von der Welt« machen, innere Strukturen entwickeln, auf denen alles spätere Denken und Fühlen der Kinder aufbauen wird. »Aneignung von Welt« ist eine Aktivität der Kinder, die niemand für sie übernehmen kann. Damit betritt das Kind selbst die Bühne unserer Begriffsanalysen und stellt sich ins Zentrum dessen, was Humboldt unter Bildung verstehen wollte.

»Anregung aller Kräfte« eines Kindes kann leicht als eine Tätigkeit von Erwachsenen identifiziert werden, die auf das Kind von außen einwirken. Aber »Aneignung von Welt«, über die sich seine Kräfte erst entfalten können, kann nur als Tätigkeit des Kindes verstanden werden. Der Tätigkeit der Erwachsenen steht also die des Kindes gegenüber; ohne die Bemühung des Kindes kann die der Erwachsenen nicht erfolgreich sein.

Bildung stellt sich nun scheinbar als etwas Doppeltes dar: als Aktivität des Erwachsenen – Anregung aller Kräfte – und als Aktivität des Kindes – Aneignung von Welt. Was aber kann dann noch Erziehung sein, wenn die Aktivität des Erwachsenen hinsichtlich der Aneignung von Welt durch das Kind bereits im Bildungsbegriff enthalten sein soll? Hier scheint es uns, als wäre im Denken Humboldts etwas zusammen geblieben, was er doch selbst als Getrenntes in die deutsche Sprache eingeführt hat und was in allen anderen westeuropäischen Sprachen auch zusammengehört: Bildung und Erziehung sind dort eine Sinneinheit. Der erzogene Mensch ist in den anderen westeuropäischen Sprachen zugleich der gebildete, ein dem deutschen Wort Bildung vergleichbares Wort gibt es dort nicht. In dieser nicht konsequent durchgehaltenen Trennung der Begriffe Erziehung – als Aktivität der Erwachsenen, der älteren Generation mit Bezug auf die jüngere – und Bildung – als Weltaneignung des Kindes gedacht – scheint uns zumindest einer der Gründe zu liegen, die den Bildungsbegriff bis zum heutigen Tage so schwer handhabbar machen. Wir schlagen deshalb vor, Bildung im Sinne Humboldts als Selbst-Tätigkeit des Kindes zur Aneignung von Welt zu verstehen und Erziehung als Tätigkeit des Erwachsenen mit dem Ziel, alle Kräfte des Kindes dafür anzuregen.

Das meint also diese auf den ersten Blick altertümlich klingende Formulierung in ihrem Kern. Aneignung von Welt bedeutet, so hatten wir gesagt, dass das Kind sich ein »Bild von der Welt« macht und zugleich ein Bild von sich selbst als einem Teil dieser Welt. Die moderne Forschung, die sich mit diesem Sich-ein-Bild-machen befasst, sagt uns aber, dass dieses Bild kein einfaches Abbild ist, wie etwa eine Fotografie, sondern eine Konstruktion des Kindes, vergleichbar dem immer komplexer werdenden Entwurf einer Theorie über die Welt und ihre Zusammenhänge und über die eigene Position in dieser Welt.

Damit wird Bildung zu etwas, das überhaupt nicht mehr verstaubt ist. Bildung wird vielmehr zum größten Abenteuer, das alle Menschen von Geburt an bestehen müssen, zur Konstruktion einer ganzen Welt in Kopf und Körper. Wir sprechen deshalb vom »konstruierenden Kind«, um diese unglaubliche

Leistung der Kinder hervorzuheben und darauf hinzuweisen, dass viele unserer Vorstellungen vom Kind und von Kindheit revisionsbedürftig sind und durch realistischere »Kindbilder« ersetzt werden sollten.

Bildung wäre also, anders ausgedrückt, immer Selbst-Bildung des Kindes im doppelten Wortsinn. Erziehung wäre die Antwort der Erwachsenen auf diesen Sachverhalt. Daraus ergeben sich weit reichende Folgen für die pädagogische Praxis in Kindertageseinrichtungen. Davon wird im Folgenden noch die Rede sein; zuvor müssen wir uns aber noch genauer damit befassen, in welchem Verhältnis Bildung und Erziehung zu einander stehen.

Was unter Erziehung verstanden werden soll

Wenn Bildung die zentrale Aktivität bezeichnet, über die Kinder sich die Welt aneignen – eine innere Welt konstruieren, hatten wir das genannt –, dann kann ein Kind nicht gebildet werden, es kann sich nur selbst bilden. Das heißt aber, dass Erziehung keinen direkten Einfluss darauf hat, welche Art von Welt die Kinder konstruieren. Erziehung kann Kinder also nicht »programmieren«, wie man einen Computer programmiert. Kinder sind, wenn man so will, »sich selbst programmierende Systeme«. Wenn also Bildung Ziel von Erziehung sein soll, muss Erziehung sich auf die »Anregung aller Kräfte« des Kindes beschränken und Erzieherinnen müssen sich – wie alle anderen Erwachsenen auch – von der Vorstellung verabschieden, dem Kind etwas »beibringen« zu können. Es ist zwar möglich, das Kind in Angst zu versetzen und es dadurch zu bestimmten Aneignungsprozessen zu bewegen, allerdings wird dadurch die Fähigkeit der Kinder zur Selbst-Bildung unterminiert und das kann in einer Zeit, in der »lebenslanges Lernen« zu einer wichtigen Herausforderung für alle geworden ist, kein legitimierbares und zukunfsfähiges Anliegen von Erziehung mehr sein.

Erziehung müsste also berücksichtigen, dass sie Bildung nicht bewirken, sondern die Bildungsprozesse der Kinder nur ermöglichen, unterstützen und erweitern oder herausfordern kann. Welche Form kann Erziehung unter dieser Voraussetzung annehmen?

Darauf gibt es eine doppelte Antwort: Erziehung kann die Umwelt des Kindes gestalten und sie kann die Interaktion zwischen Erwachsenen und Kind gestalten. Im ersten Fall nimmt Erziehung Einfluss auf die materielle Umgebung des Kindes und entscheidet auf diese Weise darüber, welche Erfahrungen das Kind mit Dingen und Sachen, mit Natur und Architektur, mit Kunst- oder Gebrauchsgegenständen machen kann. Anders ausgedrückt: Erziehung entscheidet darüber, welchen Ausschnitt der Welt sich das Kind konstruierend aneignen kann.

Im zweiten Fall entscheidet Erziehung darüber, welche Themen den Kindern auf welche Weise für ihre Konstruktionen vorgelegt werden – wir nennen das die »Zumutung von Themen« – oder aber, wenn das Kind von sich aus Themen bearbeitet, welche davon und auf welche Weise vom Erwachsenen beantwortet werden; wir sprechen von der »Beantwortung der Themen der Kinder«. Als die zweckmäßige und angemessene Form der erzieherischen Interaktion zwischen Erwachsenen und Kind bietet sich die Form des Dialogs an. Beide Seiten bringen ihre Themen ein, werden gehört und ihre Themen werden beantwortet.

Aus Gründen, auf die wir noch zu sprechen kommen, antworten Kinder immer auf die Themen der Erzieherinnen (und Eltern), umgekehrt sieht das ganz anders aus. Darin scheint eines der größten Probleme der frühpädagogischen Arbeit zu liegen. Auch dazu später mehr.

Erziehung hat also, auch wenn Bildung immer Selbst-Bildung des Kindes ist und nur sein kann, durchaus Einflussmöglichkeiten auf die Bildungsprozesse der Kinder. Sie kann sie nur nicht direkt steuern, sondern auf der einen Seite nur anregen oder herausfordern, auf der anderen Seite aber auch behindern oder auf einem niedrigen Niveau festhalten. Im ersten, günstigen Fall kann nie so recht vorhergesehen werden, wie die Konstruktionen der Kinder aussehen werden. Oft sind sie für Erwachsene überraschend, unerwartet in ihren Kontextbezügen, fast immer eigenartig. Bildungsprozesse sind grundsätzlich offen, nie abgeschlossen, führen immer wieder zu dem Versuch, die Grenzen der konstruierten »Welt-Entwürfe« zu überschreiten.

Im ungünstigen Fall, wenn Bildungsprozesse sich kaum oder nur wenig entfalten können, ist eher vorhersehbar, was geschehen wird. Die Kinder beginnen scheinbar, sich in engen Grenzen einzurichten, errichten Fassaden für die Erwachsenen, versuchen sich zu fügen, was aber immer wieder misslingt. Überschreitungen von Regeln, die nicht vom Kind konstruiert, sondern als Fassade gegenüber den Erwachsenen errichtet wurden, geschehen heimlich oder als offener Ausbruch. Die »Regelmoral« der Kinder bleibt auf äußere Kontrollen angewiesen oder wird als Fassade zur starren Verhaltensnorm. In beiden Fällen besteht die Gefahr, dass die Regel heimlich oder in einem offenen Über-die-Stränge-Schlagen gebrochen wird. In beiden Fällen kann die Situation nicht fruchtbar für Bildungsprozesse werden, denn Themen, die nicht in den Dialog zwischen Erwachsenen und Kind eingehen dürfen oder die regelmäßig übersehen werden, können nicht weiter bearbeitet werden. Sie bleiben unerledigt auf einer niedrigen Stufe der Bearbeitung liegen und beeinflussen dennoch das Verhalten, Denken und Erleben von Kindern. [4]

Wenn wir versuchen, auf der Grundlage unseres neuen Verstehens von Bildung und Erziehung den **Bildungsauftrag** für Kindertageseinrichtungen zu konkretisieren, dann würde das so lauten: **In den Kindertageseinrichtungen sollen Bildungsprozesse von Kindern durch Erziehung ermöglicht, unter-**

[4] Der amerikanische Psychologe Howard Gardner von der Havard University weist in seinem Buch »Der ungeschulte Kopf« darauf hin, dass solche frühen Theorien über die Welt und ihre Zusammenhänge auch das Denken von Erwachsenen beeinflussen, wenn sie nicht durch Prozesse wirklichen Verstehens – durch Bildungsprozesse, würden wir sagen – weiter bearbeitet wurden.

stützt und herausgefordert sowie durch Betreuung gesichert werden.

Unter Betreuung verstehen wir dabei, dass Kindertageseinrichtungen immer auch Schutzzonen sind, in denen sich Kinder frei von ernsthaften Gefahren bewegen können. Dazu gehören Witterungseinflüsse ebenso wie der Straßenverkehr, Starkstromanschlüsse und Maschinen. Aber auch die Versorgung der leiblichen Bedürfnisse wie Essen, Trinken und Möglichkeiten zum Schlafen sind gemeint. Wir haben diese Funktionen unter der Überschrift Betreuung – der dritten Aufgabe, die das KJHG den Kindertageseinrichtungen neben Bildung und Erziehung zuweist – zusammengefasst und werden sie in unserem Zusammenhang nicht weiter verfolgen, obwohl auch sie zur Gestaltung einer – sicheren – Umwelt für das Kind gehören. Wir setzen sie als selbstverständlich voraus. [5]

Damit sind wir zu einer ersten und allgemeinen Konkretisierung dessen gelangt, was unter Bildung und Erziehung im Vorschulbereich verstanden werden kann und auf welche Weise sich beide Begriffe auf einander beziehen. Bildung ist, so verstanden, ohne Erziehung nicht denkbar, und möglicherweise war es diese enge Verbindung, die auch Humboldt dazu veranlasste, beides in einem Atemzug zu nennen. Jedoch müssen wir, wenn Bildung konkret werden soll, sorgfältig zwischen beiden Begriffen unterscheiden. Denn auch wenn Bildung ohne Erziehung nicht denkbar ist, bleibt Bildung eine Tätigkeit des Kindes und kann nicht zugleich Tätigkeit der Erzieherin sein. Ihre Sache ist die Erziehung, durch die sie Bildungsprozesse der Kinder ermöglichen, unterstützen und herausfordern will.

---

[5] Der Sicherheitsbegriff bedarf dringend der Diskussion, vor allem zwischen Tageseinrichtung und Eltern. Janusz Korczak hat davon gesprochen, dass aus Angst vor ihrem Tod Kinder am Leben gehindert würden und jedes Kind ein Recht auf den eigenen Tod haben müsse. Wenige würden ihm darin wohl folgen wollen, aber ein Recht der Kinder auf Beulen und Schrammen sollte man ihnen wohl zugestehen, wenn ihre tätige Weltaneignung nicht im Puppenheim stattfinden soll.

Bildung und Erziehung in der Kindertageseinrichtung

Nach dieser allgemeinen Klärung der Bedeutung der beiden Begriffe[6] müssen wir auf der Ebene des alltäglichen pädagogischen Handelns konkret werden. Was kann getan werden, um »im wirklichen Leben« Bildung durch Erziehung zu ermöglichen, zu unterstützen und herauszufordern? Die Beiträge dieses Bandes behandeln aus unterschiedlichen Perspektiven und mit Bezug auf verschiedene Bereiche der alltäglichen pädagogischen Arbeit in den Einrichtungen genau diese Frage: Wie kann die hier entwickelte Vorstellung von Bildung und Erziehung praktisch werden und welche Schlüsse müssen daraus für die Gestaltung dieser Praxis gezogen werden?

In diesem Beitrag wollen wir insbesondere den zweiten Teil dieser Fragestellung weiter bearbeiten: Welche Konsequenzen hat das hier im groben Umriss vorgestellte Konzept von Bildung und Erziehung für die pädagogische Arbeit und ihre Rahmenbedingungen? Dazu werden wir uns an einer Art Leitfaden entlang bewegen und an passender Stelle das eine oder andere an Kenntnissen über Kinder und ihre eigenartigen Aneignungsprozesse, die oft nicht leicht zu verstehen sind, hinzufügen. Je jünger die Kinder sind, umso eher ist man dabei auf die Wissensbestände der Entwicklungspsychologie und der Neuro-Wissenschaften angewiesen. Das würde aber bedeuten, dass zumindest ein Teil der Ausbildung von Erzieherinnen an den Hochschulen erfolgen müsste, so wie das übrigens in allen anderen westeuropäischen Ländern (außer in Österreich und der Bundesrepublik Deutschland) der Fall ist.

Einen anderen Zugang bieten die genaue Beobachtung der Kinder, eine ausführliche Dokumentation dessen, was sie sagen und tun, eine intensive fachliche Zusammenarbeit mit den Kolleginnen in der Einrichtung und schließlich kontinuierliche Kontakte zu Beratungssystemen, die ihrerseits über Transferstrukturen mit Wissenschaft, Forschung und einem überregionalen Erfahrungsaustausch verknüpft sein sollten. Auch dazu später mehr.

. . . .

6 Eine ausführliche Begründung dafür findet sich im ersten Kapitel des Bandes »Bildung und Erziehung in der frühen Kindheit«.

Wenn wir davon ausgehen müssen, dass Kinder ihr »Bild von der Welt« auf Grund ihrer Wahrnehmungen und der Erfahrungen konstruieren, die sie mit dem machen, was sie wahrnehmen, dann leuchtet es unmittelbar ein, dass der Gestaltung des Ausschnitts der Welt, der ihrer Wahrnehmung zugänglich ist, eine erhebliche Bedeutung zukommt. Sie können nur das in ihren »Welt-Konstruktionen« berücksichtigen, was ihnen auch über ihre Sinne zugänglich ist. Erst vor diesem Hintergrund kann die Aussage aus Reggio, der Raum sei der dritte Erzieher, in ihrer vollen Bedeutung verstanden werden.

Zur Gestaltung der Räume in Kindertageseinrichtungen

An dieser Stelle sollen zwei Aspekte hervorgehoben werden, denen aus unserer Sicht eine besondere Bedeutung zukommt: die Komplexität der möglichen Sinneswahrnehmungen der Kinder und ihre Möglichkeiten, sich selbst als »Bewegungswesen« zu konstruieren. Denn zu der Welt, die Kinder konstruieren müssen, gehören natürlich auch sie selbst und die Beziehungen, die sie zur Welt aufbauen und unterhalten können.

Besonders im sehr frühen Alter organisieren die Kinder ihre Beziehungen zur Welt über Bewegungen und Bewegungsmuster. Die ersten »Begriffe« von der Welt, die sie sich machen, sind noch sehr handlungsnah und bestehen eher aus Bewegungs- und Handlungsmustern als dass sie von geistiger Natur wären. Das können sie erst werden, wenn die Wahrnehmungen und Erfahrungen, die Kinder machen, in Bilder und später in Symbole umgesetzt werden können, mit denen Kinder dann ebenso wie Erwachsene »denken« können. Zunächst aber hängt ihr »Denken« noch eng mit dem Handeln zusammen. Man könnte vereinfacht sagen, dass insbesondere Kinder im Krippenalter denken, indem sie handeln. Wer also das Handeln von Kindern unterbindet oder behindert, sollte immer gute Gründe dafür haben, wenn damit nicht frühkindliches »Denken« behindert werden soll.[7] Darin liegt auch der Sinn

Bewegung

----

[7] Solche Gründe gibt es natürlich, z. B. immer dann, wenn das Handeln der Kinder sie selbst oder andere ernstlich gefährdet.

von Regeln, Kindern immer Alternativen zu Handlungen anzubieten, die mit guten Gründen eingeschränkt oder verhindert werden müssen, und sie nicht bloß zu blockieren. Über Handeln und Bewegung erschließen sich Kinder ihre Zugänge zur Welt und davon sollten sie so viel wie möglich haben – jedenfalls eher mehr als zu wenig.

Neben dieser Funktion als »Weltkonstruktionsinstrumentarium« und im Zusammenhang damit stellt die »Konstruktion seiner Motorik« für das Kind eine wichtige Entwicklungsaufgabe dar. Es sollte sich selbst als Bewegungswesen so konstruieren können, dass es sich in der Welt geschickt und zweckmäßig bewegen kann, nach Möglichkeit »elegant« und mühelos. Dazu braucht es Gelegenheit und Anregung. In der Kindertageseinrichtung sollten deshalb in ausreichendem Umfang Möglichkeiten geschaffen werden, die das Kind jederzeit zu komplexen Bewegungserfahrungen herausfordern. Und damit steht es häufig nicht zum Besten in Einrichtungen, die entweder von vornherein zu wenig Platz bieten, die trotz ausreichender räumlicher Möglichkeiten an einem Mangel an Ausstattung leiden, oder aber – kein seltener Fall – durch fehlerhafte oder mangelnde Organisation von vorhandenen Möglichkeiten schlechten Gebrauch machen.

Vor der Ausdifferenzierung der Feinmotorik – der dann spätestens vor Eintritt in die Grundschule eine große Bedeutung beigemessen wird – steht die Entfaltung und Strukturierung der Grobmotorik, die zugleich eine der wichtigsten »Sprachformen« – nicht nur – für Kinder darstellt. Mit Tanz, Pantomime, Gestik, »Sich-in-Position-Stellen« etc. stehen vielfältige Formen des Ausdrucks von Gefühlen und komplexen Lagebeurteilungen zur Verfügung, die für diese Zwecke viel besser geeignet sind als die gesprochene Sprache. Der schon zitierte Hirnforscher Wolf Singer sagt in diesem Zusammenhang: »Wie aber kann die Kommunikationsfähigkeit der Kinder so umfassend wie möglich gefördert werden? Wir setzen derzeit vor allem auf die rationale Sprache als Kommunikationsinstrument. Sie ist das Einzige der uns mitgegebenen Ausdrucksmittel, das unser Erziehungssystem mit Nachdruck ausbildet. Nun ist es ... wohl bekannt, dass durch bildnerische, musikalische, mimische, gestische und tänzerische Ausdrucksformen Information transportiert werden kann, die sich in rationaler Sprache nur sehr schwer fassen lässt. Überzeugende Schilderungen widersprüchlicher Gestimmtheiten gelingen nur selten mit Worten allein ... Aber die angesprochenen nicht-rationalen Kommunikationstechniken können gerade solche Inhalte hervorragend vermitteln, weil sie nicht an binäre Logik gebunden sind. Ich behaupte, und entferne mich damit sicher nicht zu weit von der Wahrheit, dass alle Kinder mit dem Angebot kommen, diese nicht-rationalen Kommunikations- und Ausdrucksmittel zu nutzen und dass alle Kinder über sie verfügen, dass wir diese aber zu wenig und wenn überhaupt, dann zu spät fördern und sie auf Kosten der Ausbildung der rationalen Sprache vernachlässigen oder gar unterdrücken.« (Singer 2001)

Diejenigen, die mit der Reggio-Pädagogik vertraut sind, werden hier sofort an die »100 Sprachen der Kinder« denken, deren Pflege und Entwicklung dort so breite Aufmerksamkeit gewidmet wird.

Mit Blick auf ihre allgemeine Bewegungskompetenz müssen Kinder früh Gelegenheit erhalten, sich auf schiefen Ebenen und gestuften Podesten zu bewegen, zwischen schneller und langsamer Bewegung immer wieder zu wechseln, zu springen, auf der Schaukel zu schwingen oder im Rhythmus von Musik ihre Bewegungen zu koordinieren. Der ganze Bereich der Psychomotorik hat hier seinen Sinn und sollte einen festen Platz im Angebot der Tagesstätte haben. »Raufereien« zwischen Kindern sollten unter dieser Perspektive wohl eher mit Regeln versehen als unterdrückt werden und vielleicht auch außerhalb von Konfliktsituationen als Gelegenheit für

Erfahrungen genutzt werden, wie sich der feste Griff von anderen anfühlt und wie es ist, andere »im Griff zu haben« und sich ihren Bewegungen anpassen zu müssen. Leben ist Bewegung und die Fähigkeit zum Stillsitzen, auf die in der Grundschule alten Stils so viel Wert gelegt wurde, ist nur eine besondere Form der Bewegungskompetenz.

Komplexität Mit Blick auf die Gelegenheit zur »Welt-Konstruktion« hatten wir hervorgehoben, dass die Komplexität dessen, was wahrgenommen werden kann, im Auge behalten werden muss. Es kann insbesondere nicht darum gehen, die Räume, in denen sich Kinder aufhalten, allein nach Gesichtspunkten einer ökonomischen Instandhaltung oder in Anlehnung an überholte Kindbilder zu gestalten, die mit den Klischees einer stark vereinfachenden Medienkultur korrespondieren. Großflächige Poster mit Motiven aus Zeichentrickfilmen – etwa von Schneewittchen – sind keineswegs kindgerecht, sondern signalisieren allenfalls den Erwachsenen, dass man es hier mit einem Raum für Kinder zu tun hat.

Warum wird den Kindern das vorenthalten, was auch für viele Erwachsene den kulturellen Reiz unserer Gesellschaft ausmacht: Darstellungen alter und neuer Architektur, bildende Kunst alter und neuer Meister, Fotografien von Erwachsenen und Kindern in ihren vielfältigen Lebenssituationen innerhalb und außerhalb der eigenen Kultur? Warum haben Kinder in den Einrichtungen, die »Orte für Kinder« sein sollen in einer Gesellschaft, die zu gefährlich geworden ist, als dass Kinder sich darin frei bewegen könnten, warum also haben Kinder so wenig Gelegenheit, klassische oder moderne Musik mit ihren hochstrukturierten Ordnungssystemen zu hören oder technische Zeichnungen von Bauwerken und Maschinenteilen zu betrachten oder Beispiele für Schrift- und Zahlensysteme oder Farbkreise von Goethe oder von Itten zu sehen?

Wohlgemerkt, es geht nicht darum, die Kinder mit Kulturbeständen zu überschütten, sondern diese Dinge als Wahrnehmungsmöglichkeiten überhaupt erst verfügbar zu machen. Sorgfältige Beobachtung der Kinder, das Erkennen und Berücksichtigen ihrer Antworten auf solche »Zumutungen« – davon wird noch die Rede sein – sollten die Gewähr bieten, dass Komplexität des Wahrnehmungsangebots in der Kindertageseinrichtung nicht lediglich Ausdruck von falschen Erwartungen ehrgeiziger Erwachsener ist. Es geht dabei auch nicht darum, Kindern frühzeitig eine Unterscheidung des Stils der beiden Maler Paul Klee und Wassilij Kandinsky zu ermöglichen, sondern für sie die unglaubliche Vielfalt feiner Farbabstufungen in Bildern von Klee oder die ungewöhnlichen und kräftigen Farb- und Formvarianten bei Kandinsky als »Material« für ihre Konstruktionen verfügbar zu machen.

Natürlich haben viele Kinder in ihren Familien die Möglichkeit, solche Erfahrungen zu machen. Wenn ihre Eltern ein Instrument spielen oder mit ihren Kindern Ausstellungen von moderner oder alter Kunst besuchen, wenn die Kinder auf Reisen Gelegenheit haben, etwa im Bargello in Florenz die Faszination zu beobachten, die eine Plastik von Michelangelo auf ihre Eltern ausübt, dann erschließen sich ihnen diese Aspekte der Welt auf diesem Weg. Für andere aber bietet die Kindertageseinrichtung die vielleicht einzige Chance, überhaupt mit dieser Welt hochkomplexer Strukturen in Berührung zu kommen und sich ihrer bei der Konstruktion der eigenen Welt zu bedienen.

Raumgestaltung gehört also – das sollte deutlich geworden sein – zu den zentralen pädagogischen Aufgaben, die eine Kindereinrichtung lösen muss, wenn sie den Anspruch, Bildungsstätte zu sein, ernstlich erfüllen will.[8]

---

8 Ein Buch, das gelungene Gestaltungsbeispiele aus Hamburger Kindertagesstätten zusammen mit vielerlei Anregungen dokumentiert, ist kürzlich im Luchterhand Verlag unter dem Titel »Kinderräume bilden« erschienen.

Über die Zumutung von Themen

Auch bei einer optimalen Gestaltung der Räume können die angebotenen Ausschnitte der Welt und ihrer kulturellen Ausdeutung nur einen Teil der »zukunftsfähigen und legitimierbaren Kulturbestände« – so hat Klaus Mollenhauer das genannt – an die Kinder herantragen, für ihre Konstruktionen verfügbar machen. Für den größeren und wichtigeren Teil geschieht das über die Interaktion mit den Erwachsenen, genauer gesagt: mit einigen für die Kinder wichtigen Erwachsenen. Was diese vor anderen auszeichnet, soll deshalb Gegenstand eines kurzen Ausflugs in die Beziehungswelt der Kinder sein.

Die frühen Bindungen

Alle Kinder bauen in den ersten Lebensmonaten besondere Beziehungen zu den Erwachsenen ihrer engsten Umgebung auf, die für ihre Entwicklung und für die Ausgestaltung ihrer Bildungsprozesse von großer Bedeutung sind. Diese Beziehungen heißen Bindungsbeziehungen. Sie finden eine erste Form, wenn die Kinder etwa ein Jahr alt sind. Bis zu diesem Zeitpunkt haben die Kinder zu mindestens einem Erwachsenen – in der Regel aber zu ihren Eltern und darüber hinaus je nach Gelegenheit – Bindungen aufgebaut, die sich in grober Einteilung als »sicher« oder »unsicher« beurteilen lassen. Das ist vor allem hinsichtlich der Qualität ihrer wichtigsten Bindung – in unserer Kultur meistens die zur Mutter – bedeutsam, weil die Kinder auf dieser Grundlage »innere Arbeitsmodelle« konstruieren, die Einfluss nehmen auf die Erwartungen, die Kinder hinsichtlich der Qualität ihrer späteren Beziehungen entwickeln.

In einem Forschungsprojekt, das in der Bundesrepublik durchgeführt worden ist und dessen Ergebnisse 1995 in einem Buch veröffentlicht worden sind, wurde z. B. gefunden, dass bei gewaltbereiten und fremdenfeindlichen Jugendlichen in allen Fällen, die untersucht worden waren, unsichere Bindungen im frühen Kindesalter vorlagen (Hopf et al. 1995). Das allein reicht nun sicherlich nicht aus, um bei einem heranwachsenden Menschen Gewaltbereitschaft auszulösen, ist aber möglicherweise eine notwendige Bedingung dafür. Es zeigte sich aber auch, dass solche Entwicklungen verhindert werden können, wenn das Kind früher zumindest eine Person hatte, zu der es eine sichere Bindung aufbauen konnte, auch wenn dies nicht die Mutter oder der Vater war.

Der Aufbau von sicheren Bindungen wird begünstigt, wenn die Bindungsperson die Signale des Kindes wahrnimmt und darauf prompt und angemessen reagiert. Man könnte sagen, dass sichere Bindungen auf der Grundlage einer Beziehung entstehen, in der das Kind in seinen Interessen und Interaktionsangeboten ernst genommen und beachtet wird, wobei keineswegs immer das geschehen muss, was das Kind beabsichtigt, aber die Situation eben nicht auftritt, dass es sozusagen ins Leere kommuniziert. Das triff insbesondere für Notlagen zu, in die Kinder im Laufe ihrer Forschungen und der damit verbundenen Konstruktionen immer wieder geraten. Wenn sie die Kontrolle über ihr Tun verlieren und Ereignisse nicht mehr schnell genug verarbeiten können, kann so etwas leicht geschehen. Die Kinder »benutzen« dann eine anwesende Bindungsperson, um sich in ihrer Nähe, ggf. im engen Körperkontakt mit ihr, wieder ins Gleichgewicht zu bringen.

Damit solche Kontakte gut funktionieren können, muss die Kommunikation zwischen beiden Seiten in Takt sein, d. h., das Kind muss sich verständlich machen können und die Bindungsperson muss das Kind verstehen können. Zwischen erwachsener Bindungsperson und Kind entsteht auf diese Weise ein »Kommunikationskanal«, der in beide Richtungen offen ist und auch vom Kind nicht verstellt werden kann. Das heißt, dass ein kleines Kind gegenüber seinen Bindungspersonen nie wirklich verschlossen sein kann. Daraus folgt wiede-rum, dass es immer reagiert, wenn die Bindungsperson Themen, Vorschläge, Anliegen oder Anweisungen an das Kind heranträgt.

Immer reagieren muss nun aber keineswegs heißen, dass Kinder immer zustimmen: Sie können sehr wohl ablehnend oder in unvorhergesehener Weise reagieren.

In unserem Zusammenhang interessant ist nun, dass auch die Erzieherin nach einiger Zeit für das Kind zu einer – wenn auch gegenüber den Eltern nachrangigen – Bindungsperson wird. Auch für sie existiert deshalb dieser Zugang zum Kind, der ihr immer Gehör verschafft, wohlgemerkt: nicht unbedingt Zustimmung. Wenn sie also Themen von Bedeutung an das Kind heranträgt, kann sie sicher sein, damit die Aufmerksamkeit des Kindes zu gewinnen, wenn auch vielleicht nur für sehr kurze Zeit, wenn das Thema für das Kind überhaupt nicht zu dem passt, womit es sich gerade beschäftigt.

Darüber hinaus kann die Erfahrung, zur Erzieherin eine sichere Bindung aufbauen zu können, für die zukünftige Entwicklung des Kindes ein mächtiger Schutzfaktor sein, der ihm die Konstruktion einer zumindest in Teilen zugewandten Welt ermöglicht und damit eine auf Angst und Unsicherheit gegründete Bereitschaft zu Gewalt verhindert. Bei aller realen Gefahr, die von rechtsradikalen Gewalttätern ausgeht, sollte doch im Auge behalten werden, dass auch der wütendste Skinhead einmal ein Kind war, dessen Versuche, sich in Situationen der Not auf eine zuverlässige Bindungsperson zu stützen, mit Nachdruck und regelmäßig zurückgewiesen worden sind. Solange das Kind solche Versuche unternimmt, kann einer solchen Entwicklung vorgebeugt werden, später nur noch, wenn überhaupt, mit sehr großem Aufwand.

Kehren wir nach diesem Exkurs wieder zurück zum Ausgangspunkt unserer Überlegungen. Vor der Zumutung von Themen und während dies geschieht, sollte noch etwas anderes geleistet werden: das Setzen von Zielen. Wenn Erziehung die Tätigkeit sein soll, die Themen in die Konstruktionen der Kinder einführt, die sonst für das Kind nur schwer oder gar nicht erfahrbar wären, dann sollte größtmögliche Klarheit darüber bestehen, welche Ziele damit verfolgt werden, denn schon die Auswahl von Themen ist eine schier unlösbare Aufgabe, wenn kein Leitfaden erkennbar ist, welche davon akzeptiert und welche zurückgestellt werden sollen.

Keine Zumutung von Themen ohne die Formulierung von Erziehungszielen

Nun existiert leider ein sehr großes Dilemma, das darin besteht, dass man zu wenig darüber weiß, durch welche »Themen« welche Folgen erreicht werden. Das liegt einmal daran, dass es kaum Forschung gibt, die über lange Zeit, also zumindest bis die Kinder zu jungen Erwachsenen herangewachsen wären, die Folgen früher Einflussnahmen untersucht hätte. Wir wissen also zu wenig über Langzeiteffekte. Einiges allerdings konnte doch herausgefunden werden. Dass eine sichere Bindung zu mindestens einer Person in der frühen Kindheit für die spätere Entwicklung günstige Folgen haben kann, wurde weiter oben schon erwähnt. Man hat auch heraus gefunden, dass Erziehungskonzepte, die auf einem Kindbild aufbauen, das dem hier vorgestellten »konstruierenden Kind« zumindest ähnlich ist, und insbesondere an selbstinitiierte Spieltätigkeiten der Kinder anknüpfen, sowohl im kognitiven als auch im sozialen Bereich günstigere Ergebnisse erzielen als anweisungsorientierte Programme. Auch scheint es gut für Kinder zu sein, wenn ihre Selbstkonzepte hinsichtlich ihrer Geschlechterrollen nicht allzu rigide sind, ihre Selbst-Bildung – die Konstruktion ihres Selbst – also auch Rollenelemente des jeweils anderen Geschlechts einschließt.[9] Auch dass Angebote, die die Kompetenz von Kindern leicht oberhalb ihres erreichten Niveaus herausfordern, zu Fortschritten in der Ent-

---

[9] Die auch heute noch gelegentlich vertretene Auffassung, dass Jungen – anders als Mädchen – nicht weinen dürfen…, tut den heranwachsenden Männern keinen Gefallen und beraubt sie der wichtigsten Möglichkeit, zu trauern. Umgekehrt sind Mädchen besser dran, wenn nicht versucht wird, Bescheidenheit und Zurückhaltung zur obersten Leitlinie ihrer Selbst-Bildung werden zu lassen.

wicklung von Kindern führen, ist bekannt. Insgesamt existiert eine gar nicht so kleine Menge an Detailwissen über direkte Zusammenhänge, aber hinsichtlich der langfristigen Folgen müsste man erheblich mehr wissen.

Nun lässt sich Pädagogik auch nicht vollständig auf Wissenschaft aufbauen, die Wünsche und Absichten der Eltern zumindest gehen in aller Regel allen anderen Zielsetzungen voran, und seien sie noch so gut begründbar. Ähnliches gilt auch für Erzieherinnen: Da sie Bindungspersonen für die Kinder sind, tragen auch sie eine Fülle von Themen wirksam an die Kinder heran, häufig, ohne sich dessen bewusst zu sein. Ihre innersten Überzeugungen über Ordnungssysteme und »richtiges Verhalten«, über Gerechtigkeit und Formen der Auseinandersetzung, über die Helden amerikanischer Zeichentrickserien und Mittagsschlaf – die Liste ließe sich mühelos fortsetzen – machen sich in ihren Haltungen zu diesen Themen bemerkbar, ob sie nun pädagogisch begründbar sind oder nicht. Die positiven oder ablehnenden Urteile von Erzieherinnen werden von den Kindern durchaus wahrgenommen und haben Einfluss auf ihre Werturteile, führen allerdings nicht unbedingt dazu, dass die Kinder ihr Interesse an den missbilligten Sachverhalten verlieren, sondern dazu, dass sie die soziale Unerwünschtheit erkennen und damit ins soziale Niemandsland emigrieren. Sie setzen ihre Konstruktionen dann heimlich und ggf. nur noch mit anderen Kindern zusammen fort.

Es leuchtet ein, dass solche Überzeugungen von Erzieherinnen – so weit es möglich ist – bewusst gemacht werden sollten, um in der pädagogischen Arbeit überhaupt reflektiert werden zu können. Natürlich hat jede Erzieherin das Recht auf eigene Überzeugungen, aber sie arbeitet vermutlich in dem einzigen Beruf der Welt, in dem diese Überzeugungen reflektiert werden müssen, weil sie in die Welt-Konstruktionen der Kinder eingehen. Die Zumutung von Themen beginnt also auch damit, dass sich die Erzieherinnen über diejenigen Themen klar zu werden versuchen, die für sie ganz persönlich von hoher Bedeutung sind. Sie sollten sozusagen ein Profil ihrer subjektiven Erziehungsziele entwerfen, um sie in den Bereich reflektierten pädagogischen Handelns hinein holen zu können.

Ein zweiter Schritt kann parallel dazu erfolgen und ist ebenso notwendig: die ernsthafte und auf Dauer angelegte Diskussion im Team darüber, was in dieser konkreten Einrichtung die wichtigsten Erziehungsziele sein sollen. Was soll an die Kinder heran getragen werden, welche Themen sollen ihnen für ihre Konstruktionen vorgelegt werden, was scheint zukunftsfähig, was legitimierbar? Diese Diskussion muss zugleich und in geeigneter Weise mit den Eltern geführt werden: Fehlt ihre Zustimmung, kann fast alles blockiert werden, was die Erzieherinnen den Kindern zumuten möchten. Sie sind die wichtigsten Bindungspersonen für die Kinder, *gegen* sie könnte Erziehung in Kindertageseinrichtungen kaum Erfolg haben. Die Eltern müssen für die wichtigsten Themen gewonnen werden und fast alle Eltern lassen sich auch gewinnen, wenn sie verstehen können, welche Gründe für ein vorgeschlagenes Vorgehen sprechen.

Schließlich – und das wird schon bei der Frage der Zukunftsfähigkeit und Legitimierbarkeit von Themen deutlich – muss in der Kindereinrichtung die gesellschaftliche Diskussion über die Fragen von Bildung und Zukunftsentwürfen verfolgt werden, die nahe Diskussion im regionalen Umfeld ebenso wie die fernere, die Industriegesellschaft und ihre Entwicklung betreffende. Der Situationsansatz stellt für diese Aufgabe differenziert ausgearbeitete Verfahren zur Situationsanalyse zur Verfügung, von denen Gebrauch gemacht werden kann, um gesellschaftliche Themen systematisch aufspüren und in ihrer Bedeutsamkeit für das Leben der Kinder und ihrer Eltern bearbeiten zu können. Die in der »Praxisreihe Situationsansatz« [10] durch die Projektgruppe Kindersituationen veröffentlichten thematischen Beispiele bieten ausführliches An-

[10] Die 12 Bände sind 1998 als Ergebnis des Projekts »Kindersituationen« im Ravensburger Verlag erschienen und sind heute bei Beltz zu beziehen.

schauungsmaterial, wie so etwas gehandhabt werden kann. Es kommt jedoch darauf an, dass auch die Zumutung von Themen im Rahmen eines Dialogs zwischen Erzieherin und Kindern bleiben muss. Das heißt, dass die Antwort der Kinder auf die Zumutung in das weitere »Gespräch« zum Thema, seine weitere Bearbeitung eingehen muss, damit kein fruchtloser Monolog der zumutenden Erzieherin daraus wird. Denn dann käme es entweder zum Fassadenbau durch die Kinder, hinter denen sich ihre eigentlichen Interessen und Konstruktionsleistungen verbergen würden, zum Abbruch der Arbeit am Thema oder zu halbherzigen Initiativen aus Höflichkeit oder Zuneigung der Erzieherin gegenüber.

Wirkliche Konstruktionen und Entwicklungsarbeiten finden nur dann statt, wenn die Kinder die neuen Themen mit dem verknüpfen, was sie schon wissen und können, mit den Sinnkonstruktionen, die sie schon errichtet haben, und den Handlungskonzepten, die sie schon entworfen und erprobt haben und mit denen sie die »alte« Struktur modifizieren. Das aber können sie nur selbst tun und deshalb ist Bildung ein kooperatives Projekt, in dem wir die Kinder in einem umfassenden Sinn als Mitwirkende brauchen, als die eigentlichen »Produzenten« von Bildung, die wir durch Erziehung »nur« ermöglichen, unterstützen und herausfordern können.

Die Beantwortung von Themen der Kinder als Herausforderung für die Erzieherin

Die zweite Form von Erziehung, die im Rahmen einer Interaktion zwischen Erzieherin und Kind grundsätzlich möglich ist, ist die einer Antwort auf ein vom Kind formuliertes Thema. Wir hatten bereits im vorigen Abschnitt gesehen, dass auch dann, wenn die Initiative von der Erzieherin ausgeht und dem Kind ein Thema zugemutet wird, die Antwort des Kindes Beachtung finden muss. In beiden Fällen besteht die Aufgabe für die Erzieherin darin, die Antwort des Kindes auf ein zugemutetes Thema oder ein von ihm selbst formuliertes Thema sowohl wahrzunehmen als auch richtig zu deuten. Unsere Beobachtungen in den am Projekt beteiligten Kindereinrichtungen weisen darauf hin, dass es für Erwachsene außerordentlich schwer zu sein scheint, die Formulierung von Themen durch Kinder auch nur wahrzunehmen oder sie korrekt zu interpretieren. Hier tut sich ein ernsthaftes Problem auf, wenn Erziehung ihren Bildungsanspruch nicht aufgeben will und mehr sein soll als die Gestaltung der räumlichen Umwelt des Kindes. Wir haben deshalb diesem Thema breiten Raum gegeben und versuchen einerseits, durch »Bildungs-Geschichten« aus dem Alltag von Kindereinrichtungen zu illustrieren, wie mit diesem Problem umgegangen werden kann, andererseits haben wir ein Beobachtungsverfahren entwickelt, das es Erzieherinnen erlaubt, sich zusammen mit ihren Kolleginnen, mit den Eltern der Kinder und unter Nutzung externer Ressourcen (Literatur, Beratung, Fortbildung) ein Bild von den Themen der Kinder zu machen und es kontinuierlich zu ergänzen.

Eine der Hauptschwierigkeiten liegt möglicherweise darin, dass es Erwachsenen grundsätzlich schwer fällt, sich überhaupt vorzustellen, dass Kinder von Geburt an mit schwierigsten Konstruktionsaufgaben befasst sind, weil die Welt, die wir Erwachsene in unseren Köpfen haben, als selbstverständlicher Sachverhalt vorausgesetzt wird. Wir haben alle vergessen, dass unser persönliches »Bild von der Welt« und von uns selbst auch von uns erst »erarbeitet« werden musste. Darüber hinaus erschwert es den Zugang zu den kindlichen Konstruktionsprozessen und den Mitteilungen davon, die Kinder allen, denen sie vertrauen und die sie lieben, unablässig machen, dass die Wahrnehmung von Kindern und die Art und Weise, wie sie Wahrnehmungen verarbeiten, uns fremd geworden sind, weil wir sie durch teils tatsächlich, teils nur scheinbar effizientere Formen ersetzt haben.

Es scheint, als sei in der Arbeit von Künstlern viel von diesem frühen Zugang zur Welt erhalten geblieben und als ob z. B.

insbesondere die Werke der modernen Malerei sehr viel mit elementaren Verarbeitungsprozessen sinnlicher Wahrnehmung zu tun haben (Zeki 1999). Als Folge davon achten wir alle – auch Erzieherinnen – häufig in erster Linie darauf, ob das von uns wahrgenommene und interpretierte Verhalten der Kinder mit unseren Normen von »richtigem« oder angemessenem Verhalten übereinstimmt. Die Frage, welche Themen ein knapp neun Monate altes Kind bearbeitet, das in der elterlichen Wohnung die Fächer einer Kommode herauszieht, wird nicht nur nicht gestellt, sondern angesichts der Vorstellung, das Kind könnte dies beim nächsten Besuch bei Tante Frieda auch tun, als irrelevant betrachtet und zu Gunsten einer direkten Verhaltenskontrolle zurückgestellt.

Wie das Kind dabei in seiner Konstruktionstätigkeit behindert wird und welche Chancen versäumt werden, die Themen des Kindes zu erweitern, wird den wenigsten Erwachsenen bewusst. Darin jedoch sollten sich Kindertageseinrichtungen von anderen Umgebungen, in denen sich Kinder aufhalten, unterscheiden: Die pädagogischen Fachkräfte dort müssen um diese »Arbeit« der Kinder, wie Maria Montessori das nannte, wissen, ihre Themen aufspüren und sie erweitern, wo das sinnvoll zu sein scheint. Bleiben wir zur Illustration dessen, was hier gemeint ist, beim Beispiel des Kindes an der Kommode.

Die Szene ist videografiert und zeigt ein kleines Mädchen, das sich, auf seinen Knien balancierend und zumeist erfolgreich, bemüht, die Fächer einer Kommode und eine Seitentür zu öffnen. Die Inhalte der Fächer scheinen von eher geringem Interesse für die Kleine zu sein, mehr als flüchtige Blicke hat sie dafür nicht übrig. Die Zeitlupe der Videoaufnahme lässt jedoch eine Folge schwierigster Gleichgewichtslagen erkennen, die das Kind im Bemühen, die Fächer zu öffnen, durch immer neue Haltungskorrekturen ausbalanciert. Der im Vergleich zum Körper schwere Kopf wird durch rasche Folgen von Korrekturen in der Rückenmuskulatur aufrecht gehalten und zugleich werden insbesondere die seitlichen Greifbewegungen des rechten Arms immer wieder an die neue Lage angepasst.

Die Entwicklungsneurologen sagen uns, dass eine wesentliche Voraussetzung für das Laufenlernen darin besteht, die Rückenmuskulatur kontrollieren zu können. Darin genau erprobt sich das Kind in unserem Beispiel und zeigt bereits bemerkenswerte Fertigkeiten in dieser »Konstruktion seiner selbst als Bewegungswesen«, wie wir das vorhin genannt haben. Es arbeitet also unter anderem an einem komplexen »Gleichgewichtsthema«, das in diesem Fall nicht in der Situation selbst, sondern erst in der Analyse der Videoaufnahme erkannt wurde. Daraus darf geschlossen werden, dass für die Dokumentation von Themen der Kinder regelmäßige Videoaufnahmen nicht nur sehr nützlich, sondern nahezu unersetzlich sind. Sie können neben schriftlichen Aufzeichnungen der Erzieherin auch als Grundlage für kollegiale Beratungen dienen, die ebenso regelmäßig stattfinden sollten, um den Einfallsreichtum und die fachliche Kompetenz des ganzen Teams für die Arbeit an dieser – zumindest anfangs – schwierig zu lösenden, gleichwohl zentral wichtigen Aufgabe einer »Bildungsstätte Kindertageseinrichtung« fruchtbar zu machen.

In dem eben beschriebenen Beispiel wäre für die Pädagogin wohl nichts weiter zu tun gewesen, als das Kind gewähren zu lassen und es durch freundlich ermunternde Aufmerksamkeit in seinem Tun zu unterstützen. Ein zweites Beispiel soll ein wenig darüber hinausgehen. Das Kind, von dem die Rede sein wird, ist etwa ein Jahr alt und wieder ein Mädchen.

Es sitzt auf dem Boden inmitten einer Anzahl von Spielzeug, darunter Bauklötze verschiedener Größe, ein Kreisel, ein Ball etc. Zwischen diesen Dingen sind einige hölzerne Wäscheklammern verteilt, die nach einiger Zeit die Aufmerksamkeit des Kindes gewinnen. Es nimmt eine auf, betrachtet sie einige Zeit, dreht und wendet sie mit der Hand und legt sie schließlich in einen Behälter in Reichweite. Es sucht nun nach weiteren

Klammern, die alle so aussehen wie die erste, nimmt sie auf, betrachtet sie wieder intensiv und lässt sie ebenso wie die erste in den Behälter fallen. Dann stößt es auf eine Klammer, die sich von den anderen unterscheidet: Sie ist größer und hat eine dunkle Farbe. Das Mädchen betrachtet sie lange, dann fällt die Klammer aus seiner Hand, es greift wieder danach und nach einem abschließenden Blick darauf legt es die Klammer zu den anderen in den Behälter.

Aus dem, was das Kind tut, können wir schließen, dass es gleich aussehende Gegenstände auch als gleich erkennen kann, denn es greift, obwohl Bauklötze verschiedener Größe und andere kleinere Gegenstände in Reichweite liegen, nur nach den Wäscheklammern, die alle ein einheitliches Aussehen haben. Wir können vermuten, dass das kleine Mädchen unter anderem mit der Konstruktion von Konzepten von Gleichheit beschäftigt ist. Auf Grund seines Umgehens mit der andersfarbigen und etwas größeren Klammer könnten wir die Hypothese aufstellen, dass es darüber hinaus beginnt, mit Konzepten von Ähnlichkeit zu experimentieren. Wir könnten das prüfen, indem wir einige Wäscheklammern hinzutun, die sich in ihrem Aussehen noch einmal von denen unterscheiden, mit denen es das Kind bis dahin zu tun hatte. Und wir könnten dafür sorgen, dass in der nächsten Zeit unter den Dingen in Reichweite des Kindes immer einige sein werden, die einander gleichen, und solche, die nur ähnlich sind. So könnte bei einem sehr kleinen Kind eine Antwort der Erzieherin auf ein Thema des Kindes aussehen, das es durch die Besonderheit seines Handelns »formuliert« hat.

Für ältere Kinder enthalten die folgenden Beiträge Geschichten über Themen und ihre Interpretation. Sie dienen als Anregung. Auch in den Arbeitsblättern wird ausführlich auf diese Thematik eingegangen.

Wir haben bisher darüber gesprochen, wie Erwachsene mit Erziehung auf die Selbst-Bildungsprozesse der Kinder reagieren können – und müssen, wenn Bildung das Ziel von Erziehung sein soll – und haben bisher die Rolle der anderen Kinder in einer Kindertageseinrichtung nicht erwähnt. Das soll hier nachgeholt werden, denn Kinder konstruieren ihr »Bild von der Welt« nicht nur in Interaktion mit Erwachsenen. In der Forschung der letzten zwei Jahrzehnte ist die Rolle anderer, in etwa gleichaltriger Kindern genauer untersucht worden und wir können heute davon ausgehen, dass Gleichaltrige sehr wichtige Funktionen in den Bildungsprozessen der Kinder haben.[11]

Ko-Konstruktion unter Kindern

Für Kinder ist es in Interaktionen mit gleichaltrigen Partnern leichter, so genannte »geteilte Bedeutungen« herzustellen und damit gemeinsam Wissen zu konstruieren, weil diese Interaktionen auf einer Symmetrie der Handlungen beruhen. Im Unterschied zu ihren Beziehungen zu Erwachsenen zeichnen sich die zu anderen Kindern dadurch aus, dass sie symmetrisch verteilt sind. D.h., die Kinder interagieren miteinander auf gleicher Ebene und auf einem ungefähr vergleichbaren Kompetenzniveau und haben dadurch die Möglichkeit, gleichberechtigte Beziehungen kennen zu lernen und sich in der Kooperation mit einem anderen zu üben. Wir sprechen von Ko-Konstruktion zwischen Kindern, die gemeinsam ihre Erfahrungen mit sich selbst und der Welt verarbeiten und zugleich ihre zunächst subjektiven Konstruktionen von Bedeutung miteinander abstimmen können. Dadurch werden die subjektiven Konstruktionen der Kinder mitteilbar und können im Austausch mit den anderen Kindern weiterentwickelt werden.

Wegen der Vergleichbarkeit ihrer Situation können wir davon ausgehen, dass Kinder ihre Themen untereinander leichter erkennen und bearbeiten können, als dies in Interaktionen mit Erwachsenen der Fall ist. Wir müssen aber auch davon ausgehen, dass einige wichtige Themen nur unter Kindern angemessen bearbeitet werden können. Aus Sicht der klinischen

[11] Vgl. die ausführliche Begründung im Beitrag von P. Völkel in Laewen, Andres 2002.

Entwicklungspsychologie heißt es dazu: »Die Kooperation zwischen Gleichaltrigen hat aber offenbar eine noch allgemeinere Bedeutung, denn bestimmte Begriffe können nur in der Interaktion von Gleichberechtigten aufgebaut werden. Zu ihnen gehört das Verständnis von Gerechtigkeit, von Moral und von Freundschaft.« (Oerter & Noam 1999, S.74)

Es mag viele erstaunen, dass so wichtige Bereiche der sozialen Entwicklung in so bedeutendem Umfang von den Kindern selbst ko-konstruiert werden. Aber es leuchtet bei einigem Nachdenken ein, dass die Erfahrungen, die Kinder untereinander in unzähligen Verhandlungen darüber machen, was richtige – d. h. von den anderen geteilte – Perspektiven auf die Welt sind, wer wessen Freund ist und wie Gerechtigkeit untereinander verwirklicht werden kann, zu einer tieferen und nachhaltigeren Verankerung der gefundenen Lösungen im Kind führen, als wenn durch Erwachsene Regeln aufgezwungen werden. Ihre Einhaltung bleibt dann grundsätzlich an die Existenz einer äußeren Kontrollinstanz gebunden oder sie werden durch die Erfahrung schwerer Ängste in die Persönlichkeit integriert. Bei Freud bilden solche Konstrukte das Über-Ich als eine durchaus problematische Gewissensinstanz. Die Ko-Konstruktionen der Kinder können da offensichtlich zu besseren Lösungen führen.

Die Konsequenz daraus ist, dass Kindern weitgefasste Möglichkeiten zu solchen Ko-Konstruktionen angeboten werden sollten, vornehmlich dadurch, dass Aushandlungsprozesse unter Kindern zwar immer wieder sorgfältig beobachtet und dokumentiert werden sollten, im Wesentlichen aber den Kindern selbst anvertraut bleiben müssen. Das letzte Praxisbeispiel im Beitrag von Petra Völkel in diesem Band gibt eine eindrucksvolle Vorstellung davon, dass Erwachsene bei der Beobachtung solcher Prozesse durchaus ein starkes Gefühl des Ausgegrenzt-Seins empfinden können und dem auch Rechnung tragen sollten.

Kindertageseinrichtungen müssen eine Entscheidung treffen, ob sie sich mit einem Freizeit- und Betreuungsangebot für Vorschulkinder zufrieden geben wollen oder ob sie ernst machen wollen mit dem Bildungsauftrag des Kinder- und Jugendhilfegesetzes. Im ersten Fall reicht es aus, ein auf einen halbtägigen Besuch der Einrichtung zugeschnittenes Angebot bereitzuhalten, das Kinder auf einer für Eltern und Erzieherinnen in- tuitiv plausiblen Ebene mit Material, Spielideen und Spielräumen versorgt, und im Einzelfall mit den Eltern Verabredungen für besondere Arrangements zu treffen, wenn diese das wünschen. Damit sind Bildungsprozesse von Kindern keineswegs ausgeschlossen und insbesondere Kinder, deren Familien ein hohes Anregungsniveau zur Verfügung stellen, werden damit auch gut auskommen können.

Was bleibt zu tun?

Nicht ganz so einfach ist es, wenn eine ganztägige Betreuung von Kindern angeboten werden soll. Insbesondere für die Altersgruppe der Unter-Drei-Jährigen liegen für eine mehr als halbtägige Betreuungsdauer eine Reihe von Forschungsdaten vor, die auf Risiken für die Entwicklung von Kindern hinweisen, wenn nicht hohe Qualitätskriterien in der pädagogischen Arbeit eingehalten werden. Wir müssen deshalb davon ausgehen, dass ein ganztägiger Besuch einer Tageseinrichtung Vorschulkinder vor besondere Herausforderungen stellen kann, denen nicht mehr durch bloß intuitiv begründete Regelungen in den Einrichtungen Rechnung getragen werden kann. Hier werden die weiter oben erwähnten Instrumente zur Evaluation der Qualität der pädagogischen Arbeit, die zur Zeit entwickelt werden, Maßstäbe bereitstellen, an denen sich die pädagogischen Konzepte und ihre Umsetzung messen lassen müssen.

Wenn jedoch Kindertageseinrichtungen sich über die Vermeidung von Risiken hinaus als Bildungseinrichtungen für Kinder verstehen wollen, reichen weder Intuition noch Qualitätsmaßstäbe allein aus, um einer solchen Aufgabe gerecht werden zu können. Damit sollen weder Intuition noch sorgfältig begründete Qualitätskriterien entwertet werden – beide können wichtige Funktionen in einem auf Bildung zielenden Erziehungskonzept übernehmen –, aber die eigentliche Aufgabe lässt sich nur auf der Grundlage von umfangreichem, durch eigene Forschungsarbeit kontinuierlich erweitertem Wissen lösen. Damit sind auf der einen Seite Wissensbestände über allgemeine, grundsätzlich bei allen Kindern zu beobachtende Bildungsprozesse und ihre genetischen Grundlagen gemeint, andererseits möglichst differenzierte und genaue Kenntnisse der einzelnen Kinder, ihrer Themen, ihres sozialen und familialen Umfelds und ihrer besonderen Talente. Gerade mit Blick auf den zuletzt genannten Punkt muss beispielsweise insbesondere Beachtung finden, dass die kognitive Entwicklung von Kindern keineswegs einheitlich verläuft und auf unterschiedlichen Gebieten jeweils verschiedene Schwerpunkte bilden kann. Howard Gardner hat darauf hingewiesen, dass nach seinen Beobachtungen zumindest sieben unterschiedliche Formen der Intelligenz existieren, deren Ausprägungen bei jedem Kind ein charakteristisches Profil bilden. Die Kenntnis der Stärken und Schwächen jedes Kindes im Rahmen einer solchen Profilbildung führt uns weit über die intuitiven Möglichkeiten hinaus zur Anerkennung von Talenten von Kindern, die unter einer engeren Perspektive gar nicht sichtbar werden könnten.

Solche und andere Hinweise auf vorliegende Wissensbestände, die man allgemein als Entwicklungsthemen von Kindern bezeichnen könnte, werden in den Arbeitsblättern zu diesem Text erläutert und mit Vorschlägen für ihre Umsetzung versehen. Diese Sammlung ist keineswegs vollständig und kann es schon aus Platzgründen nicht sein. Sie sollte zukünftig kontinuierlich ergänzt werden. Andere Hinweise betreffen die Notwendigkeit, dass Erzieherinnen sich selbst als Forschende verstehen, die nicht einfach nur tatsächliches oder vermeintliches Wissen und richtiges Verhalten an die Kinder herantragen, sondern die soziale und materielle Welt gemeinsam mit den Kindern erschließen und in diesem Prozess auch sich selbst weiterbilden. Das sich bildende Kind braucht die sich bildende Erzieherin.

Wenn eine Einrichtung sich entschließt, die Bildungsprozesse der Kinder zukünftig systematisch zu ermöglichen, zu unterstützen und herauszufordern, werden zunächst lange und ernsthafte Gespräche zwischen den Kolleginnen, mit dem Träger, den Eltern, den Beraterinnen, wo es möglich ist mit WissenschaftlerInnen und ggf. auch mit PolitikerInnen notwendig sein. Was sollen unsere Ziele sein – die nahe liegenden und die ferneren –, über welche Erfahrungsmöglichkeiten, welche Materialien, welche Erzählungen, welche Themen glauben wir, diese Ziele den Kindern nahe bringen zu können, wie kann die notwendige Dokumentation unserer Arbeit und der Tätigkeit und Kommunikation der Kinder geleistet werden, wie können wir die Talente des ganzen Teams für diese Aufgaben nutzen, wie können wir einen Zugang zu den kindlichen Wahrnehmungs- und Denkformen (wieder-)finden, wie können wir die kulturellen Regeln des Verhaltens und elementare Wissensbestände (welche?) an die Kinder herantragen und sie als Personen und als »konstruierende Kinder« jederzeit respektieren? Auf diese und andere Fragen wird man eine Antwort finden müssen. Dazu benötigen die an diesen Prozessen Beteiligten Zeit und Unterstützung.

Die Verfügbarkeit von Zeit außerhalb der direkten Arbeit mit den Kindern ist deshalb eine unverzichtbare Voraussetzung dafür, dass eine Kindertageseinrichtung von einer Betreuungs- zu einer Bildungseinrichtung werden kann. Diese Veränderungen können auch nicht ohne Zugriff auf Beratungs- und Transfersysteme stattfinden, die für einen Anschluss des Vorschulbereichs an die Forschungsressourcen und die internationalen wissenschaflichen Fortschritte auf den einschlägigen Gebieten sorgen. Wenn dafür keine Grundlagen geschaffen werden, wird die Rede von Bildung zur leeren Floskel. Der Schritt in ein ernst gemeintes Bildungsprojekt für den Vorschulbereich ist ohne politische Unterstützung und die Bereitstellung von Ressourcen nicht zu realisieren. Betrachtet man ein solches Vorhaben jedoch aus einer gesamtwirtschaftlichen Perspektive, dann sind trotz dieser zunächst notwendigen Investitionen die Kosten der Durchführung geringer als die Kosten, die entstehen, wenn die Investitionen unterbleiben. Entsprechende Rechnungen liegen sowohl aus den USA als auch aus der Schweiz vor.

Bildung im Vorschulbereich darf dabei nicht unter der Perspektive traditioneller Pädagogik betrachtet werden. Die Methoden der »alten Schule« können hier nicht weiterhelfen. Bildungsprozesse sind Prozesse der Konstruktion einer inneren Welt und der Rahmen, den die »alte Schule« dafür anzubieten hätte, ist zu eng für die Welt, in die unsere Kinder hineinwachsen. Bildung – so hatten wir gesagt – bedarf einer Erziehung, die die Eigengesetzlichkeit von Bildungsprozessen respektiert, aber sich nicht gleichgültig verhält gegenüber den Kindern und ihren Themen.

Erziehung nimmt Einfluss auf die Konstruktionen der Kinder, indem sie über den Ausschnitt von Welt entscheidet, der für die Konstruktionen der Kinder verfügbar ist, indem sie den Kindern legitimierbare und zukunftsfähige Themen zumutet und ihre Themen aufspürt und angemessen beantwortet. Erziehung ist – so verstanden – eine große Herausforderung für die Erwachsenen, die sie bewältigen sollen, und der Größe der Bildungsaufgabe der Kinder durchaus vergleichbar. In diesem Sinne Erzieherin zu sein stellt hohe Anforderungen an persönliche Kompetenzen und die Bereitschaft, sich immer wieder in eigene Bildungsprozesse verwickeln zu lassen, die Grenzen der selbstkonstruierten Welt immer wieder zu überschreiten und sie auszuweiten. Solche Erzieherinnen brauchen Rahmenbedingungen, die ihre Bildungsprozesse ermöglichen, unterstützen und herausfordern. In der Aus- und Weiterbildung müssen die Voraussetzungen dafür geschaffen werden und für die Unterstützung in der Praxis müssen Transferstrukturen entstehen, die den wachsenden Bestand an Kenntnissen über die frühen Bildungsprozesse für die Kindereinrichtungen und Ausbildungsstätten nutzbar machen. Die Forschung in diesem Bereich muss in der Bundesrepublik Deutschland erheblich ausgeweitet werden, um den internationalen Anschluss herstellen zu können, der in dieser Hinsicht wohl noch nie erreicht wurde. Solange dies alles nicht geschehen ist, werden Erzieherinnen oft nur zweit- und drittbeste Lösungen anbieten können.

Allerdings besteht Hoffnung auf günstigere Entwicklungen: In den Empfehlungen zur Reform des deutschen Bildungssystems, die vom »Forum Bildung« – in dem die Bundesländer und die Bundesregierung vertreten sind – soeben vorgelegt wurden, sind alle diese Forderungen enthalten.

Petra Völkel

· ·

Bildungsgeschichten aus der Kindertageseinrichtung

Wie Kinder miteinander und voneinander lernen

Mit der Kindergruppe macht die Kindertageseinrichtung dem Kind ein Angebot, das so in der Familie nicht zu finden ist. Die Kindergruppe bietet dem Kind eine Reihe mehr oder weniger gleichaltriger Spielkameraden, die es regelmäßig treffen und je nach Thema und Interesse frei wählen kann. Möglicherweise hat das Kind zwar auch Geschwister, die ihm aber häufig weder vom Alter noch vom Entwicklungsstand her nahe sind. Außerdem wählen Geschwister einander nicht gegenseitig, wie es das Kind in der Kindertageseinrichtung tut, das sich einen attraktiven Spielkameraden aus einer Reihe möglicher Partner aussuchen kann. Ähnlich ergeht es dem Kind, wenn die Familie enge Kontakte zu anderen Familien mit gleichaltrigen Kindern pflegt. Auch hier gilt: Das Kind sucht sich seinen Spielpartner nicht aus, die Eltern tun es. Die Erwartung der Erwachsenen hinsichtlich des gemeinsamen Spiels sind häufig groß. Konflikte oder das Vermeiden des Zusammenspiels zwischen den Kindern werden in der Regel nicht gern gesehen. Der Besuch von Spielgruppen der verschiedensten Art stellt dagegen zwar sicher, dass das Kind aus einer größeren Anzahl von Spielkameraden auswählen kann, Gruppen dieser Art entbehren jedoch der Kontinuität bzw. der Beständigkeit einer Gruppe in der Kindertageseinrichtung, in der das Kind seine Spielkameraden gut kennt und weiß, mit welchen Themen es sich an welche Partner wenden kann.

Aber was tun Kinder nun eigentlich, wenn sie in der Kindertageseinrichtung miteinander spielen? Ist das gemeinsame Spiel nur ein netter Zeitvertreib oder steckt mehr dahinter?

Der Entwicklungspsychologe Jean Piaget nimmt an, dass die Entwicklung von Kindern in bestimmten Bereichen eher im Kontakt mit gleichaltrigen Partnern als im Kontakt mit Erwachsenen vorangetrieben wird. Grund für diese Behauptung ist die Verschiedenartigkeit der Beziehung, die das Kind zum einen zu Erwachsenen unterhält und zum anderen mit gleichaltrigen Partnern pflegt. Der Erwachsene verfügt über mehr Wissen und Macht als das Kind. Dadurch ist es ihm möglich, dem Kind gegenüber seine Sicht der Welt durchzusetzen. In der Kindertageseinrichtung wird die Erzieherin ihre Vorstellungen, beispielsweise in Bezug auf die Ordnung des Spielmaterials, immer verwirklichen können, wenn sie das will. Aber auch wenn sich die Erzieherin ganz und gar auf das Ordnungssystem des Kindes einlässt, ist dies wahrscheinlich weniger einer Aushandlung mit dem Kind zu verdanken. Vielmehr hat ein solches wohlmeinendes Gegenübertreten mit aller Wahrscheinlichkeit etwas mit der Einsicht der Erzieherin zu tun, dass es dem Kind weniger Nutzen bringt, ein Ordnungssystem einfach zu übernehmen anstatt es sich selbst zu erschaffen.

Demgegenüber sind zwischen gleichaltrigen Kindern Aushandlungsprozesse unbedingt notwendig, um sich miteinander zu verständigen. Der gleichaltrige Partner ist dem Kind in seinem Denken ähnlich. Gleichzeitig kann seine Sicht auf die Welt aber eine ganz andere sein. Der gleichaltrige Spielpartner steht dem Kind nicht wohlmeinend gegenüber, sondern widerspricht und fordert damit die Argumentation des Kindes heraus. Dabei steht es dem Kind im Prinzip frei, sich abzuwenden oder sich auf diese Aushandlung einzulassen. Wenn Kinder sich darauf einlassen, dann versuchen sie, in Erfahrung zu bringen, wer sie sind, in welcher Beziehung sie zu anderen stehen, was im Umgang mit anderen Menschen von Bedeutung ist und eignen sich damit gemeinsam mit dem Spielkameraden ein weiteres Stück der Welt an. Solche Aushandlungen zwischen Kindern werden in der Wissenschaft als soziale Konstruktion der Wirklichkeit bezeichnet.

Die Themen, die die Kinder in ihren gemeinsamen Aushandlungen interessieren, sind vielfältig und durchaus konfliktträchtig. So verhandeln und streiten sich Kinder beispielsweise darüber, wer kompetent ist und wer Hilfe benötigt, was Mädchen von Jungen unterscheidet, wann es sich lohnt zu kooperieren und wann Konkurrenz angesagt ist, welche Spielregeln für gemeinsame Spiele gelten sollen oder was als gerecht und was als ungerecht empfunden wird. In der Praxis der Kindertageseinrichtung sind solche Verhandlungen zwischen Kindern immer wieder zu beobachten, aber nicht immer auf den ersten Blick zu interpretieren. Die folgenden Geschichten aus einer Kindertageseinrichtung sollen zeigen, mit welchen wichtigen Themen sich Kinder beschäftigen, wenn sie mit ihresgleichen umgehen und wie es für den Erwachsenen möglich sein könnte, diese Themen zu erfassen.

Die Grenze Marcus und Patrick (beide 6 Jahre) spielen dort, wo in der Kidergartengruppe typischer Weise die Jungen spielen: auf dem Bauteppich. Seit längerem wird in der Gruppe jedoch darüber gesprochen, dass auch die Mädchen gerne auf dem Bauteppich spielen würden, sich aber nicht so recht trauen, in die Domäne der Jungen einzubrechen.

Marcus trägt diesem Konflikt Rechnung und holt »die Mädchen« zum Spielen auf den Bauteppich. Bereits mit der Bezeichnung »die Mädchen« drückt Marcus aus, dass diese Gruppe von Kindern etwas gemeinsam hat, nämlich das weibliche Geschlecht, was sie von ihm und seiner Gruppe, den Jungen, unterscheidet. Lucy (6 Jahre) und Nadine (5 Jahre) kommen auf den Bauteppich, spielen jedoch nicht gemeinsam mit den Jungen, sondern beanspruchen eine »Mädchenseite«. Patrick setzt die räumliche Abgrenzung, die Lucy verbal vorgenommen hat, in Handlung um. Er baut eine Grenze aus Bausteinen und schafft damit klare Verhältnisse. Diesseits der Grenze ist die Jungenseite, jenseits der Grenze ist die Mädchenseite.

Lucy akzeptiert diese sichtbar gewordene Grenze. Durch ihre Reaktion zeigt sie jedoch, dass sie den Kontakt zu den Jungen nicht gänzlich aufgeben möchte. Sie überschreitet die Grenze, um sich Spielmaterial zu holen. Die Jungen tolerieren das und überschreiten ihrerseits ebenfalls die Grenze, indem sie sie mit einem Flugzeug überfliegen.

Den Kindern gelingt es in dieser Situation, sich in einer bestimmten Identität darzustellen – als Junge oder als Mädchen. Sie grenzen sich vom jeweils anderen Geschlecht sowohl verbal als auch durch Handlung ab. Mädchen sind eben etwas anderes als Jungen. Gleichzeitig sorgen sie aber auch dafür, dass der Kontakt zwischen den Geschlechtern nicht gänzlich abbricht. Wenn es keine Jungen gäbe, dann gäbe es wohl auch keine Mädchen, oder?

Selbstverständlich verhandeln Kinder in der Kindertageseinrichtung nicht nur über die Beziehung der Geschlechter zueinander. Offensichtlich werden Themen, die den Kindern wichtig sind, aber eher mit gleichgeschlechtlichen Partnern diskutiert, wie die folgenden Beispiele zeigen.

Kooperation oder Konkurrenz?

Immer wieder gerät man im Leben in Situationen, in denen es sinnvoll ist, mit anderen Menschen zusammenzuarbeiten, um ein bestimmtes Ziel zu erreichen. Kooperation bedeutet, unterschiedliche Bedürfnisse, Wünsche, Interessen oder Fähigkeiten so aufeinander abzustimmen, dass ein gemeinsames Ergebnis erzielt wird. Ein banales Beispiel: Hochhäuser wären undenkbar, wenn nicht Architekten, Ingenieure und Bauarbeiter ihre Fähigkeiten und Kenntnisse aufeinander abstimmen würden. Manchmal macht es jedoch auch Sinn, sich einer größeren Fachkompetenz unterzuordnen, um ein gutes Ergebnis zu erzielen. Wenn wir bei unserem Hochhausbeispiel bleiben, hieße das vielleicht, dass der Architekt nur 40 anstatt 45 Stockwerke plant, weil er auf den Ingenieur vertraut, der ihm versichert, dass die Statik beim 41. Stockwerk instabil wird. Manchmal lohnt es sich aber auch, eigene Interessen den Interessen anderer gegenüberzustellen, das heißt, in Konkurrenz zu anderen zu treten, um erfolgreich zu sein. Das ist zum Beispiel der Fall, wenn mehrere Architekten das Hochhaus bauen möchten und selbstverständlich ihren eigenen Plan als den besten darstellen werden.

Die Fähigkeit, mit anderen in den verschiedensten Situationen zu kooperieren, sowie die Fähigkeit, Situationen einzuschätzen, in denen Konkurrenzverhalten angemessen ist, kommt nicht von ungefähr. Wenn man Kinder beobachtet, die miteinander spielen, wird man immer wieder beobachten können, dass die Einschätzung, ob Kooperation mit dem Partner angemessen ist, ob es angebracht ist, sich den Ideen des Partners unterzuordnen oder ob der Aufbau von Konkurrenz sinnvoll erscheint, eines ihrer Themen ist. Folgende Beispiele aus der Praxis der Kindertageseinrichtung sollen dies veranschaulichen:

Der Friseurladen

Anna (6 Jahre) und Lena (5 Jahre) beschließen, dass sie Friseurladen spielen wollen. Weil Lena die Idee hatte, ist für sie klar, dass sie die Friseuse ist. Tara (4 Jahre) darf die Kundin sein. Lena lädt Tara ein:»Bitte setzen, dann spielen wir Friseur«. Die kleine Tara freut sich, dass sie mitspielen darf und folgt Lenas Anweisungen. Lena knüpft Wollfäden in Taras Haare. Anna hat offensichtlich Probleme damit, nicht die Bestimmerin zu sein. Auf Lenas Einladung zum Spiel reagiert

Anna mit einer Anweisung: »Okay, dann bau' schon mal auf.«
Als Anna feststellt, dass Lena und Tara das Spiel schon begonnen haben, fügt sie sich nicht in den Spielverlauf ein, sondern
versucht, das Spiel zu unterbrechen und die Aufmerksamkeit
auf sich selbst zu lenken: »Ich geh' zuerst noch auf die Toilet-
te.« Und: »Ich bin aber erst noch zu Hause.« Oder: »Soll ich
euch nachher ein schönes Armband machen?« Durch ihre Ab-
lenkungsmanöver passt sich Anna zwar nie der Spielidee von
Lena an, versucht aber dennoch, an der Interaktion beteiligt zu
bleiben. Lena reagiert jedoch nicht auf Annas Äußerungen.

Tara spürt die Konkurrenz zwischen Lena und Anna irgendwie. Als Tara die Wollfäden aus den Haaren fallen, bittet sie
nicht Lena, sondern Anna darum, die Fäden wieder zu befestigen. Lenas Angebot »Soll ich machen?« ignoriert Tara. Anna
befestigt die Wollfäden mit einer Haarklemme in Taras Haaren. Diese Methode ist jedoch weniger effektiv als jene, mit
der Lena die Wollfäden befestigt hatte. Die Fäden lösen sich
fast augenblicklich wieder aus Taras Haaren.

Nun bittet Tara doch Lena, ihr die Fäden erneut im Haar zu
befestigen. Erstaunlicherweise verwendet jetzt auch Lena die
Haarklemmenmethode. Will sie damit zeigen, dass sie Annas
Spielidee akzeptiert oder will sie zeigen, dass sie es besser
kann als Anna? Aber auch Lena gelingt es nicht, die Wollfäden
mit Haarklemmen in Taras Haaren zu befestigen. Auch dies-
mal halten die Fäden nur wenige Sekunden. Daraufhin macht
Lena den Vorschlag: »Oder soll ich einen Knoten machen?«
Tara stimmt zu, die Wollfäden werden in die Haare geknotet,
Tara ist zufrieden und das Spiel »Friseurladen« beendet.

Ganz offensichtlich haben Anna und Lena unterschiedliche
Vorstellungen darüber, wer im Spiel »Friseurladen« die
Hauptrolle spielen soll. Ohne sich offen darüber zu streiten,
versuchen die beiden Mädchen, diesen Konflikt auszutragen.
Sie lenken ab, geben Anweisungen, ignorieren die andere und
versuchen, ihre Fähigkeiten darzustellen. Sie üben sich in

Konkurrenz, ohne sich offen aggressiv zu verhalten, finden aber auch keine Einigung, so dass das Spiel schließlich abgebrochen wird.

Auch das nächste Beispiel beschreibt eine Konkurrenzsituation zwischen zwei Mädchen, die, wie im ersten Beispiel, mit der Entwicklung einer hierarchischen Beziehung einhergeht. Allerdings werden im folgenden Beispiel deutlich mehr Spannungen zwischen den Kindern sichtbar.

Wer ist hier die Chefin? Steffi (5 Jahre) und Anke (5 Jahre) sitzen nebeneinander am Tisch und legen aus kleinen Plastikbausteinen ein Mosaik in eine dafür vorgesehene Form. Für beide Mädchen ist diese Arbeit einfach, fast unterfordernd. Deshalb schaffen sich die beiden Mädchen ihre eigenen Herausforderungen.

Steffi entschließt sich, nach einer Vorlage zu arbeiten. Diese Vorlage soll Anke erstellen. Steffi signalisiert Anke, dass sie sich nach ihr richten wird: »Was kommt jetzt?« Anke übernimmt die Rolle der Lehrerin und erklärt: »Eine Reihe grün und dann nur rot!« Steffi befolgt diese Anweisung und ist immer darauf bedacht, quasi als Schülerin auf die Anordnung der Steine in Ankes Mosaik zu achten.

Steffi hält ihre Rolle als Schülerin jedoch nicht durch. Im Verlauf des Spiels demonstriert sie Anke gegenüber immer wieder ihre Überlegenheit. So macht sie zum Beispiel deutlich, dass sie beim Suchen der Steine schneller ist als Anke. Sie empört sich über Ankes falschen Satzbau. Sie macht deutlich, dass sie eigentlich auf Anke nicht angewiesen ist, weil sie auch andere Freundinnen hat. Sie reagiert genervt, weil Anke ihrer Meinung nach nicht kapiert, dass beide Mädchen identische Mosaikmuster vor sich haben.

Anke wird in ihrer Rolle als Lehrerin immer unsicherer. Zunächst versucht sie noch, diese Rolle zu verteidigen: »Ey Steffi, ich dachte, wir machen das beide gleich!« Als Anke jedoch meckert, weil Steffi ihr beim Herausnehmen von Steinen aus der Kiste zuvor gekommen ist, spricht sie Steffi auf einer eher gleichberechtigten Ebene an. Schließlich zeigt Anke eine gewisse Bereitschaft, sich umgekehrt Steffi unterzuordnen. Ankes kleinkindhafter Hinweis auf »Sternchen« im Mosaik und ihre als Vermutung formulierte Überlegung: »Ich glaub', jetzt kommt blau.« weisen darauf hin. Schließlich übernimmt Steffi die Leitung und Anke, von der Steffi nun einfordert, sich unterzuordnen, arrangiert sich.

Da die beiden Mädchen sich nicht darauf verständigen können, wer nun eigentlich welche Rolle einnimmt, ist ihr Spiel bei genauerem Hinsehen nicht harmonisch. Andererseits ruft Steffi diese Situation ohne äußeren Druck bewusst hervor. Man kann daher annehmen, dass zumindest sie sich in verschiedenen Rollen ausprobieren möchte. Dabei macht sie letztendlich die Erfahrung, dass die Rolle der sich Unterordnenden ihr, zumindest in der Beziehung zu Anke, nicht liegt.

Eine gelungene Balance zwischen konkurrierendem Verhalten auf der einen Seite und Kooperation auf der anderen Seite erarbeiten sich die beiden Mädchen im nächsten Beispiel.

Katharina (5 Jahre) und Sina (6 Jahre) spielen miteinander Memory. Während dieses Regelspiels üben sich die beiden Mädchen darin, sich Vorteile zu verschaffen, denn sie stehen schließlich in Konkurrenz zueinander (das macht den Reiz dieses Spiels aus). Sina schummelt, indem sie sich heimlich noch nicht aufgedeckte Karten anschaut, und Katharina versucht, sich körperlich in eine günstige Ausgangsposition zu bringen.

Sina schummelt!

Gleichzeitig achten beide Mädchen aber auch darauf, ihre Spielpartnerin nicht ganz und gar zu verprellen bzw. mit ihr zu kooperieren (ohne die Partnerin könnten sie das reizvolle Spiel nämlich nicht spielen). Karten, die ungerechtfertigter

Weise aufdeckt wurden, werden wieder zugedeckt und unter die anderen Karten gemischt, so dass wieder Chancengleichheit besteht. Sowohl Sina als auch Katharina verzichten manchmal auf eigene Vorteile zu Gunsten der ausgleichenden Gerechtigkeit. Dies ist zum Beispiel der Fall, wenn ein Kartenpärchen, das beide Mädchen gleichzeitig gefunden haben, aufgeteilt wird. Manchmal stellen die Mädchen sogar ihre eigenen Interessen zu Gunsten der Interessen der Partnerin zurück. Katharina lässt beispielsweise Sinas Schummeln durchgehen und Sina verzichtet auf ein Kartenpärchen, obwohl sie es gleichzeitig mit Katharina gefunden hat.

Den Drahtseilakt zwischen dem Vertreten der eigenen Interessen und dem Berücksichtigen der Interessen eines anderen bewältigen beide Mädchen meisterhaft und verfeinern dabei ihre Fähigkeiten zur Kooperation und zur Konkurrenz in einem Regelspiel.

Während den Mädchen im Memory-Beispiel die Spielregeln bekannt sind, handeln die Kinder in anderen Situationen die Regeln von Spielen, aber auch die Regeln des sozialen Miteinanders aus.

Regeln, Werte und Normen Regeln für bestimmte Spiele sowie Werte und Normen für das Zusammenleben im Allgemeinen werden in der Kindertageseinrichtung häufig von Erzieherinnen aufgestellt. Begründet werden diese Regeln und Normen damit, dass Kinder eine Orientierung brauchen, damit sie sich nicht gegenseitig behindern, stören oder gar verletzen. Um sich an Regeln, Werte und Normen halten zu können, müssen Kinder jedoch deren Sinn auch verstehen. Einsicht in den Sinn von Regeln gewinnen Kinder einerseits dadurch, dass sie von Erwachsenen darauf hingewiesen werden, welche Konsequenzen ihr Handeln für andere hat. Um die Regeln des Zusammenlebens wirklich für sich zu verinnerlichen, benötigen Kinder aber andererseits den

Austausch mit gleichaltrigen Partnern. In der Verhandlung mit Gleichaltrigen müssen Kinder eigenes Wissen über den Sinn von Regeln, Werten und Normen einbringen und gleichzeitig dem Regelverständnis des anderen Achtung erweisen. Auf dieser Basis wird ein Zusammenleben möglich, das nicht immer konfliktfrei verläuft, dafür aber interessant und erfahrungsreich ist.

Wie man sich die Aushandlung von Regeln, Werten und Normen bei gleichaltrigen Kindern in der Praxis vorstellen kann, sollen folgende Beispiele illustrieren.

Zunächst spielen die vier Jungen Lukas, Sven, Sascha und Jan (alle 5 Jahre) nebeneinander und miteinander in der Bauecke. Aus Bausteinen gestalten sie zwei Parkplätze, auf denen mehrere Autos parken. Allen Jungen ist klar, dass einer der beiden Parkplätze Jan gehört, während der andere Parkplatz den drei Jungen Lukas, Sven und Sascha zugeordnet ist. Plötzlich entzündet sich ein Konflikt. **Das gestohlene Auto oder Was ist hier gerecht?**

Jan schaut auf den Parkplatz der drei anderen Jungen, zeigt auf ein weißes Auto und sagt zu Sascha: »Ey, du hast meinen BMW geklaut!… das ist meiner!« (Die Moral: Man darf anderen kein Spielzeug wegnehmen.) Jan nimmt sich das Auto aus dem Parkplatz. Lukas verteidigt Sascha und antwortet: »Dann musst du auch aufpassen, wo du ihn liegen lässt.« (Die Moral: Wer zu spät kommt, den bestraft das Leben.) Sascha sagt fast gleichzeitig: »Aber ich wollte damit spielen!« Jan antwortet: »Aber ihr habt ihn mir einfach weggenommen.« Alle drei Jungen wirken etwas ratlos darüber, was nun geschehen soll. Verschiedene Bedürfnisse, die mit unterschiedlichen moralischen Bewertungen gerechtfertigt werden, stehen im Raum. Sven, der sich mit Sascha und Lukas solidarisiert, hat eine Lösung. *Der (moralische) Konflikt*

Er bringt einen neuen moralischen Aspekt in die Diskussion ein, die Gerechtigkeit. Sven sagt zu Jan: »Aber wir haben so *Die Gerechtigkeit* wenig und du hast so viel. Du hast fast alles.« Lukas greift diese Argumentationsschiene auf und beginnt die Autos, die vor ihm auf dem Boden stehen, zu zählen. Sven steht auf und zählt ebenfalls. Dann kommt er auf die Idee, dass man vergleichsweise nun auch Jans Autos zählen müsste. Es herrscht sehr schnell Einigkeit darüber, dass sich Gerechtigkeit an der Gleichverteilung der Autos auf den beiden Parkplätzen messen lässt. Das Ergebnis lautet: fünf Autos auf dem Parkplatz von Lukas, Sascha und Sven, sechs Autos auf dem Parkplatz von Jan. Das ist ungerecht.

Die Lösung   Jan lässt sich auf das Gerechtigkeitsthema ein. Er nimmt ein weißes Auto von seinem Parkplatz und gibt es Sascha. Sascha wiegt das Auto in der Hand. Lukas schaut aus dem Fenster. Beide Jungen wirken verblüfft. Jan sagt zu Sascha: »Jetzt habt ihr auch sechs.« Daraufhin wendet sich Lukas um und sagt verneinend – an Sascha gerichtet, aber auf Jan bezogen: »Äh, äh, jetzt hast du fünf und wir haben sechs.« Lukas wirkt angeregt, weiter über das moralische Thema der Gerechtigkeit nachzudenken. Da jedoch für seine Mitspieler die Situation zufriedenstellend geklärt scheint, gibt auch er sich mit dieser Lösung zufrieden. Bis zum nächsten Mal.

Das Interessante an dieser Situation ist, dass die Jungen versuchen, ihren Konflikt mit moralischen Argumenten zu lösen. Dabei erweisen sie einander insofern gegenseitige Achtung, als jedes Argument seine Berechtigung zu haben scheint. Schnell einigen sich die Jungen darauf, dass die Regeln, die sie vermutlich oft von ihren Erzieherinnen hören, »Nicht einfach wegnehmen« oder »Zuerst fragen«, sie in ihrer Diskussion nicht weiterbringen. Stattdessen einigen sich die Jungen auf das Prinzip der Gerechtigkeit und setzen es in Handlung um. Von dem Vorwurf »Du hast mir was weggenommen« sind die Jungen zu der moralischen Frage gelangt »Was ist gerecht?« Welcher Erwachsene wäre wohl in einer solchen Situation auf diese Idee gekommen?

Noch heftiger können die Verhandlungen zwischen Kindern verlaufen, wenn Beziehungen, Vorstellungen, Werte oder Normen nicht nur für eine bestimmte Situation ausgehandelt werden, sondern generell geklärt werden sollen. Hier geht es darum, wer zu wem gehört und wer sich auf wen verlassen kann.

Bereits im ersten und zweiten Lebensjahr entwickeln Kinder Beziehungen zu anderen, gleichaltrigen Kindern, die man als Freundschaft bezeichnen kann. Die Kinder bevorzugen einander als Spielpartner, haben Freude an einer gemeinsamen Tätigkeit, teilen miteinander und versuchen, einander nahe zu sein. Kinder im Vorschulalter benennen bereits einen »«besten Freund»«, auch wenn es sich bei dieser Person immer mal wieder um ein anderes Kind handelt. Während der gesamten Kindheit werden gleichgeschlechtliche Freunde bevorzugt.

Beziehungen und Freundschaften

Folgende Beispiele zeigen, dass es für Kinder nicht immer leicht ist, festzustellen, wessen Freund man ist, und dass darum verhandelt werden muss, wer mit wem befreundet ist und wer in einer Freundschaftsbeziehung welche Stellung einnimmt. Bei genauem Hinschauen wirken solche Verhandlungen zwischen Kindern auf den Erwachsenen manchmal befremdlich. Häufig ist dabei nichts zu spüren von Harmonie und gegenseitigem Vertrauen. Vielleicht ist jedoch gerade das der Weg für Kinder, um herauszufinden, wer sie sind, zu wem sie gehören und auf wen sie sich wirklich verlassen können.

Drei Kinder spielen mit Legosteinen. Florian (4 Jahre) baut ein Flugzeug, das Mädchen Kim (6 Jahre) und der Junge Adrian (5 Jahre) bauen gemeinsam ein Haus. Florian würde sich gern an der Spielgemeinschaft von Kim und Adrian beteiligen. Er geht deshalb auf Adrian zu und bringt ihm einen Legostein:

Der Tauschhandel

»So einen brauchst du auch noch.« Kim greift jedoch sofort ein und lässt nicht zu, dass Florian integriert wird: »Nein, so einen roten brauchen wir gar nicht.« Auf diese Art und Weise versucht sie, ihre Beziehung zu Adrian zu retten.

Als Adrian sich von Kim entfernt und zur Fensterbank geht, unternimmt Florian einen zweiten Versuch, mit Adrian Kontakt aufzunehmen: »So ein Flugzeug sollt ihr mal bauen.« Indem Adrian darauf eingeht und beginnt, ebenfalls ein Flugzeug zu bauen, wird er Kim untreu.

Kim schreitet ein und erlangt erneut Adrians Aufmerksamkeit, indem sie Legopferde und Legomännchen als Spielmaterial anbietet. Gleichzeitig versucht Kim, Adrian dazu zu überreden, sein Flugzeug, das für seine Beziehung zu Florian steht, zu zerstören. Sie fordert Adrian auf, ihr zwei Fenster aus dem Flugzeug zu geben, damit sie sie ins Haus einbauen kann. Florian weiß dies zunächst zu verhindern, indem er Kim Fenster gibt, die auf dem Fußboden liegen. Kim akzeptiert zwar, deklariert das Ganze aber als einen Tauschhandel mit Adrian, wodurch sie wiederum ihre Zweisamkeit mit Adrian betont: »Dann gebe ich Adrian dafür die rote Platte.«

Tom (5 Jahre) kommt hinzu. Er hat ein Spielzeugpferd mit Reiter von zu Hause mitgebracht. Tom drängelt sich neben Kim. Adrian hat offensichtlich großes Interesse an Tom und seinem Spielzeug: »Guck mal, was Tom hat!« Um Adrian zu halten, versucht Kim in recht geschickter Weise, Tom zu entfernen: »Du musst jetzt reiten, ganz schnell.« Das geht aber leider schief. Adrian nutzt Kims Verhandlung mit Tom, um sich wieder Florian zuzuwenden. Die beiden Jungen stehen auf und lassen ihre Flugzeuge fliegen. Tom lässt sein Pferd mit fliegen. Kim gibt auf und geht zum Basteltisch.

Da Freundschaften in der Regel zwischen gleichgeschlechtlichen Partnern von Bedeutung sind, ist es ungewöhnlich, dass in dieser Situation ein Mädchen versucht, eine freundschaftliche Beziehung zu einem Jungen aufrecht zu erhalten. Geschickt versucht Kim, ihren bevorzugten Spielpartner Adrian und die beiden Jungen, die ihr Spiel mit Adrian gefährden, zu manipulieren, ohne es zum offenen Konflikt kommen zu lassen. Leider ist Adrian nicht in gleichem Maße an Kim interessiert, wie dies umgekehrt der Fall zu sein scheint.

Erfolgreicher verläuft dagegen die Verhandlung um eine Beziehung für einen Jungen, der seinen Partner durch das Verteilen von Privilegien dahingehend manipuliert, die eigene bevorzugte Stellung anzuerkennen.

»Platz da, oder ich hau dich!« Streiten, verhandeln,
Frieden schließen – auch das lernen Kinder
wie Julian (links) und Michael am besten unter sich.
Wenn die Großen sie lassen.

Jan und Tim (beide 5 Jahre) spielen Rollenspiele mit kleinen Figuren, Jan mit dem Hai und Tim mit dem Motorradfahrer. Tim möchte bestimmen, wie das Spiel abläuft, womit Jan jedoch nicht so ganz einverstanden ist. Er macht Anstalten, das Spiel zu verlassen. Tim lenkt sofort ein: »Nein, du bist stärker.« Daraufhin greift Jan den Motorradfahrer in Tims Hand mit seinem Hai an. Unterlegen möchte Tim jedoch auch nicht sein und kontert: »Motorradreifen Panzer.« Jan stottert etwas verwirrt: »Kann ich auch … Reifen« und rückversichert sich bei Tim: »Aber ich bin auch stärker, ne?« Tim nickt vorsichtig. Jan fragt: »Ich bin auch stärker, wenn du Panzer bist, ne?« Tim nickt noch einmal, aber sehr verhalten. Mit dem kleinen Wörtchen »auch« drückt Jan aus, dass er mit einer gleichberechtigten Beziehung zu Tim einverstanden wäre.

Tim wäre es jedoch offensichtlich lieber, das Spiel und damit auch die Beziehung zu Jan zu kontrollieren. Als Jan einen weiteren Spielvorschlag macht, ist Tim damit nicht so recht einverstanden. Um Jan jedoch bei Laune zu halten, sagt er plötzlich: »Du bist in meiner Mannschaft.« Jan reagiert überrascht und geschmeichelt: »Ich?« Tim bestätigt und beide Jungen spielen weiter mit ihren Figuren. Kurz darauf erlahmt jedoch Tims Interesse und er wendet sich einem anderen Jungen zu.

Offensichtlich geht es vor allem Tim in dieser Situation weniger darum, mit Jan zu spielen, als vielmehr darum, seine Beziehung zu Jan zu klären. Es gilt, die Frage zu beantworten, wer über- und wer unterlegen, wer stärker und wer schwächer ist. Als es Tim gelingt, Jan als Mitglied in seine »Mannschaft« aufzunehmen, ist klar, wer der Chef ist. Tim hat seine Stärke nicht durch Aggressivität oder das Spiel seiner Muskeln bewiesen, sondern dadurch, dass er Privilegien verteilt.

Noch komplizierter wird es, wenn drei Kinder versuchen, ihre Beziehung zueinander zu gestalten und es dabei zu wechselnden Koalitionen kommt wie im nächsten Beispiel.

Valentina (5 Jahre) und Alena (6 Jahre) sitzen an einem kleinen Tisch im Schlafraum und spielen »Schule«. Für ihr Spiel benutzen sie alte Kalenderbücher, in denen sie »schreiben« und »rechnen«. Da den Kindern dieser Gruppe nur zwei Kalenderbücher zum Spielen zur Verfügung stehen, sind diese Bücher sehr begehrt. Kim (6 Jahre) kniet vor dem Tisch, an dem Valentina und Alena sitzen und hat offensichtlich Interesse daran, mitzuspielen.

Ich bin nicht du!

Zunächst versucht Kim, das Kalenderbuch, mit dem Alena spielt, für sich zu erobern. Kims Wissen über moralisches Verhalten erlaubt es ihr nicht, eine günstige Situation zu nutzen und Alena das Buch einfach wegzunehmen. Deshalb versucht sie, sich bei Alena einzuschmeicheln, um so das begehrte Buch zu erlangen: »Alena, darf ich auch mal? Bitte!« Alena reagiert jedoch eindeutig ablehnend.

Valentina verbündet sich mit Kim gegen Alena und versucht Kim zu helfen, deren Interesse durchzusetzen: »Alena, ist nicht deins! Weißt du das?« Alena gibt sich jedoch nicht geschlagen. Als alles nichts hilft, geht Kim auf Valentinas Vorschlag ein, die Erzieherin zu fragen. Auf Anraten der Erzieherin fragt Kim die beiden anderen Mädchen ganz allgemein, ob sie mitspielen darf. Hierdurch verändert sich die Situation. Während Alena keine Probleme damit hat, erneut abzulehnen, wird Valentina klar, dass sie ebenso gut wie Alena das Buch abgeben könnte.

Kim spürt offensichtlich Valentinas Unbehagen und baut ihr eine Brücke: »Wer war denn als Erster hier und hatte die Idee?« Valentina hatte die Idee zum Schulspiel und darf bestimmen, wer mitspielt. Die Koalition zwischen Valentina und Kim bleibt zunächst bestehen.

Die Situation verändert sich erneut, als Kim freundlich andeutet, dass das Buch, mit dem Valentina spielt, eigentlich ihr gehört: »Das, was in deinem Buch steht, hab' ich geschrieben.« Nun ist Valentina wirklich besorgt um den Besitz des

Buches. Sie spricht davon, dass sie ihr Buch mit dem von Alena verwechselt hätte. Da aber nun in dem einen Buch der Name von Alena steht und in dem anderen wahrscheinlich der Name von Kim, verwendet Valentina einen Trick und setzt in beide Bücher ihren eigenen Namen ein. Damit schreibt sie die Besitzverhältnisse eindeutig fest. Das Bündnis mit Kim geht für Valentina offensichtlich nicht so weit, dass sie auf ihre eigenen Bedürfnisse verzichten würde.

Möglicherweise spürt Alena, dass die Koalition zwischen Valentina und Kim bröckelt und wendet sich deshalb vertrauensvoll an Valentina, um eine gewisse Nähe zwischen dieser und sich selbst herzustellen. Kim stört sich an dieser Vertraulichkeit und provoziert einen offenen Konflikt mit Alena. In diesem Konflikt macht sie deutlich, dass sie selbst und Alena nichts gemeinsam haben, sondern eindeutig Konkurrentinnen sind: »Ich bin nicht du und du bist nicht ich!«

Nach diesem Konflikt verändert sich die Situation wiederum. Kim beginnt zu ahnen, dass Valentina durchaus nicht mehr gemeinsame, sondern in erster Linie eigene Interessen verfolgt. Valentina ignoriert Kim und drückt stattdessen durch das Zurückgeben eines Kalenderbuches an Alena aus, dass sie nun mit dieser eine gemeinschaftliche Beziehung eingeht. Daraufhin wendet sich Kim an Valentina und versucht, sich wieder einigermaßen zu integrieren: »Ich dachte, du möchtest mit Alena nicht mehr? Aber wir sind doch…, aber nur, weil du meine… Alenas Freundin bist.« Valentina ist zwar nicht mehr dazu bereit, sich mit Kim gegen Alena zu verbünden. Immerhin regt sie jedoch zu einer Demonstration von Gemeinsamkeit an, indem sie ein Abschiedsbild für die Beobachterin inszeniert.

An diesem Beispiel wird deutlich, dass zwischen Kindern die Verhandlungen darüber, wer wessen Freundin ist, hoch dramatisch verlaufen können. In der beschriebenen Situation hatte die Beobachterin das Gefühl, die Luft anhalten zu müssen, um die Mädchen nicht zu stören oder zu unterbrechen.

»Passt mal auf, ich hab' was vor...« Was die fünf
Mädchen da aushecken, geht niemanden etwas an. Denn
Kinder brauchen die Freiheit, ohne Einmischung der
Großen eigene Spiel- und Gedankenwelten zu erschaffen.
Das jedenfalls finden die Erzieherinnen des Münchner
Kindergartens »Am Hochstand«, wo einige der Fotos zu
diesem Buch entstanden sind.

Anne Heck

· ·

Themen der Kinder

Bildungs-prozesse der Wahrneh-mung und Bewegung

Die zentrale Aufgabe von Erzieherinnen in Kindertageseinrichtungen besteht darin, die Kinder bei ihren Bildungsprozessen zu unterstützen und einen Rahmen bereitzustellen, der ihre Bildungsmöglichkeiten erweitert. Dazu müssen die Erzieherinnen aber zunächst einmal wissen, womit sich die einzelnen Kinder beschäftigen und welche Themen im Mittelpunkt ihres Interesses stehen. Das herauszufinden ist nicht immer einfach und erfordert genaues Beobachten der Kinder. Aber worauf sollte beim Beobachten geachtet werden? Was können »Themen« der Kinder sein?

Die Themen der Kinder sind vielfältig und betreffen letztlich das gesamte Weltgeschehen. Kinder beschäftigen sich mit physikalischen Fragen, z. B. mit Mengen und Gewichten, ebenso wie mit mathematischen Operationen. Moralische Normen und Werte sind für sie ebenso immer wieder Thema wie Fragen des sozialen Miteinanders, Beziehungen und Freundschaft, Kooperation und Konkurrenz.

Aber auch das System von Bewegung und Wahrnehmung umfasst Bildungsthemen, mit denen sich alle Kinder in der Kindertageseinrichtung beschäfigen. An einigen ausgewählten Beobachtungsbeispielen soll nun gezeigt werden, worum es dabei geht und wie die ausgewählten Szenenausschnitte mit Blick auf die Frage »Was sind die Themen der Kinder?« gedeutet werden könnten.

Wenn wir vom System »Bewegung und Wahrnehmung« sprechen, dann können wir davon ausgehen, dass das Kind über
seine Bewegungen und Wahrnehmungen selbst ein inneres
Muster entwickelt und damit seine Erfahrungen konstruiert,
ihnen Sinn gibt und eine Bedeutung verschafft. Seine Bewegungen können – von seinem Bezugsrahmen aus betrachtet –
als passende, mögliche, gangbare Beschreibungen seiner aktuellen Wirklichkeitssicht aufgefasst werden. Die Bewegungsentwicklung und -aktivitäten des Kindes erhalten dadurch eine wichtige und grundlegende (basale) Bedeutung
und sind somit ein Ausdruck von Selbstbildungsprozessen.

Bewegung und Wahrnehmung als Themen

In den ausgewählten Beobachtungssequenzen sind unterschiedlich alte Kinder in Kleingruppen »in Bewegung«. Mit
Bezug auf Balgo (1999, S.5f.) können wir dabei »von außen«
zuerst einmal das »Interaktionsphänomen« beobachten, über
das die Kinder ihre Bewegung und Wahrnehmung organisieren und konstruieren, d. h. was ins Auge fällt, ist das Miteinander, das Spiel von zwei (und mehr) Kindern. Wenn wir fragen,
was sie tun, dann würden wir das beschreiben, was die Kinder
miteinander sprechen, welche Ideen einzelne Kinder einbringen und wie die Spielpartner/innen darauf reagieren. Wir würden als geübte Beobachter/innen sicherlich auch noch beschreiben können, welche Schrittfolgen im Handlungsablauf
zu sehen wären oder könnten die Aktivitätsformen – wie Rennen, Hangeln, Hopsen und Springen – benennen.

Unter konstruktivistischer Perspektive sind Prozesse der
Wahrnehmung und Bewegung als Phänomene auf zwei Ebenen zu beschreiben: Zum einen ist es für uns fast selbstverständlich geworden, unser Nervensystem als etwas »Physio-
logisches« zu betrachten, das Informationen aus der Umwelt
aufnimmt und sie in Wahrnehmungen in Form innerer Abbildungen und äußerer adäquater Bewegungs-, Verhaltens- und
Handlungsweisen transformiert. Introspektion (der Blick ins
Innere) ermöglicht uns, die Eigenbewegungen und die eigene

Wahrnehmung »von innen« zu beobachten, was sich grundsätzlich von dem »von außen« zu beobachtenden Interaktionsphänomen unterscheidet. Wir setzen uns darüber mit anderen in Beziehung, so dass aus systemisch-konstruktivistischer Sicht Wahrnehmung und Bewegung als Beziehungs- bzw. Interaktionsmuster zu betrachten ist und nicht nur als ein Operieren des Nervensystems (vgl. Balgo 1999, S. 5f.). Die Bedeutung neuronaler Verarbeitung für die frühkindlichen Bildungsprozesse wird dabei keineswegs in Frage gestellt, worauf auch Schäfer (1995, S. 110) hinweist. Beobachten wir nun Kinder, so sind uns die Beziehungs- und Interaktionsmuster zugänglich und können von uns gedeutet werden. Was sich dabei jedoch »im Innern« abspielt, wie die Organisation des Bewegungs- und Wahrnehmungsmusters erfolgt, das können wir auf Grund theoretischer Modelle nur vermuten.

»Das Kind in Bewegung« ist ein Bild, dem wir im Tagesablauf einer Kindertageseinrichtung immer wieder begegnen. Mit dem Wissen, dass jedes Kind sich gleichzeitig auf diesen beiden Ebenen »konstruiert«, sollten Kindern im Alltag vielfältige Formen der Selbstorganisation ihrer Eigenbewegungen verfügbar gemacht werden. Was von außen lediglich als mechanischer Vorgang zu beobachten ist, sind komplexe Prozesse der sensorischen Integration, in denen das Kind seine psychomotorischen und taktil-kinästhetischen Erfahrungen und gleichzeitig seine Beziehungs- und Interaktionsmuster zu und mit anderen Kindern erarbeitet (vgl. auch Ayres 1992).

Da die Bewegungen und Verhaltensweisen immer auch in »rekursive Interaktionen« (Balgo 1999) eingebettet sind, die konsensuelle Bereiche, d.h. Bereiche aufeinander koordinierter Sinnestätigkeiten (z.B. visuelle, auditive, taktil-kinästhetische), hervorbringen, können die dabei entstehenden, komplex verwobenen Verhaltenskoordinationen von einer Beobachterin in Einzelhandlungen zerlegt werden. Die Bedeutung, welche die Bewegung, das Verhalten, das Handeln eines Kindes in einem sozialen Kontext dadurch erhält, dass diese gedeutet, kommentiert bzw. verstanden werden, basiert auf der Zuschreibung aus der Beobachtungsperspektive.

Bezogen auf die unten skizzierten zufälligen Alltagsszenen heißt das: Die Fragen, mit denen eine Erzieherin/eine Beobachterin auf diese Szenen trifft, werden ihren Blick leiten. Ist die Erzieherin neugierig auf die »Entwicklungsthemen« der Kinder, dann wird sie in der Beobachtungssequenz – je nach Perspektive – vorrangig die Bewegungsmuster und Wahrnehmungsstrukturen als Konstruktionen des Selbst sehen oder sie als Prozesse sozialer Konstruktionen deuten.

Dabei rückt das eigene Deutungsmuster von Situationen in eine zentrale Position: Sehe ich das, was Kinder (miteinander) tun, das, womit sie sich beschäftigen und auseinandersetzen, das, was sie bewegt und was sie offen oder verdeckt äußern, als Konstruktionsprozess, in dem sich das Kind seiner Entwicklungslogik gemäß bildet (und seine Fähigkeiten, Fertigkeiten und Kompetenzen erweitert), so werde ich ihm »sein Thema« zugestehen und für entsprechende Rahmenbedingungen sorgen.

Verstehe ich die Situation als eine »relevante Lebenssituation« im Sinne des Situationsansatzes, so werde ich versuchen, über weitere Beobachtungen ergänzende Informationen zu erhalten, sie über eine Situationsanalyse zu entschlüsseln und nach einem Thema zu suchen, das interaktive Kompetenzen stützt, zur Auseinandersetzung anregt und in der für zukünftige, relevante Lebenssituationen gelernt werden kann.

Die Beobachtung wurde in einer Familiengruppe mit 15 Kindern im Alter von einem bis sechs Jahre aufgezeichnet; der Raum ist in Funktionsecken gegliedert, zwei Kinder spielen auf einem Podest, das gleichzeitig die »Bauecke« darstellt.

Beobachtungsszene I

Vorausgehende Szene: Marvin (3;2 Jahre) liegt auf dem Boden und beobachtet Tim (2;5 Jahre), der neben ihm mit einer Plastiktankstelle spielt. Er schiebt ein kleines Auto die Garagenauffahrt hinauf und hinunter, fährt ein paar Mal auf den verschiedenen Parkdecks herum, schaut zu Marvin und lächelt ihn an. Danach steht er auf, geht zur Erzieherin und kommt wieder zum Podest zurück.

1. Marvin steht auf und schaut umher. Er nimmt Blickkontakt zu Tim auf und lächelt ihn an. Er umrundet eine Kiste auf Möbelrollen, die mit Holzbausteinen gefüllt ist und hält zwischendurch den Blickkontakt zu Tim aufrecht. Marvin rennt um die Holzkiste. Tim lacht, tritt näher und folgt ihm. Beide laufen nun nacheinander um die Holzkiste. Tim dreht einen engen Kreis, Marvin experimentiert beim Rundherum-Laufen mit unterschiedlichen Abständen zur Holzkiste. Marvin versucht, sich innen an Tim vorbei zu drängeln, er schiebt ihn mit dem rechten Arm nach außen. Tim wehrt ab und läuf schneller. Beide rennen nun mehrere Runden um die Kiste, sie folgen einander, wobei sie abwechselnd die »Führung« übernehmen. Dies bestätigen sie sich wechselseitig durch Blickkontakt zum »Hintermann« und durch Veränderung des Abstands zueinander. Sie lächeln sich zu und lachen.

2. Marvin bleibt stehen und schaut Tim nach. Tim rennt zur Seite, kehrt zurück, bleibt stehen und blickt auf Marvin, der wieder um die Kiste rennt. Tim fädelt sich in den Kreis ein, wechselt aber die Richtung, so dass er Marvin entgegenläuft. Sie treffen sich, stoppen mit einem ganz geringen Abstand, als sie voreinander stehen und lachen sich an. Beide drehen sich um und laufen in entgegengesetzter Richtung aufeinander zu. Dieses Bewegungsspiel mit Begegnung setzen sie eine Weile fort.

3. Danach erweitert Tim den Kreis und läuft in die Ecke des Podests, dann um einen Korb, der an der Seite steht. Marvin folgt ihm nach, wobei sie sich durch Zunicken und Zulachen verständigen. Es folgen verschiedene Parcoursläufe auf dem Podest, wobei Tim anführt und Marvin ihm folgt.

4. Antonia (2;4) kommt hinzu und blickt auf beide Jungen, die immer noch um die Kiste rennen. Jetzt zeigen sie sich ihre Zunge aus dem offenen Mund. Sie schaut beiden Kindern ins Gesicht, dann achtet sie auf den Abstand zwischen den beiden rennenden Kindern; sie sucht nach einer Gelegenheit sich einzufädeln. Antonia läuft in entgegengesetzter Richtung außen am Kreis entlang, dabei lässt sie ihre Zunge aus dem offenen Mund hängen und »präsentiert« sich. Zu beiden Jungen nimmt sie Blickkontakt auf. Tim und Marvin nehmen diese »mimische Ausdrucksweise« von Antonia wahr und bestätigen durch Lachen und leichtes Kopfnicken Antonia in ihrem Bemühen, sich in den Kreis einzufädeln. Alle drei Kinder laufen nun im Kreis um die Kiste. Tim reguliert den Abstand zu Antonia, so dass nun alle drei in einer gleichen Entfernung zueinander gehen. Nun beginnen sie, einander etwas zuzurufen: »Hinter dir, hinter dir, hinter dir.« Sie verbinden sich miteinander in einem Zurufspiel, wechseln die Plätze und rufen erneut, so dass jeder die Stimme jedes anderen hinter sich hören kann.

5. Tim geht weg und bleibt am Rande stehen. Er schaut auf Marvin und Antonia und kommt zurück. Marvin lacht ihn an, sie rennen weiter – zuerst im Kreis einander nach, dann gegeneinander; sie erweitern ihren Kreis um den Korb und die Spielzeuggarage, sie bleiben stehen und fordern einander durch Nicken und mit Handzeichen auf, das Spiel fortzusetzen. Insgesamt wiederholen sie ihre Spielabfolge siebenmal. Das Zusammenspiel dauert 35 Minuten.

Welches »Thema« verhandeln diese Kinder?

In der ersten Sequenz experimentieren beide Jungen mit ihrem Körper. Sie laufen in unterschiedlichen Geschwindigkeiten um die Holzkiste mit den Bausteinen, sie experimentieren mit Abstand und Entfernung zur Kiste, sie müssen beide Seiten des Körpers koordinieren, damit sie »um die Ecke« kommen, einmal in einer engen Kurve, ein anderes Mal in einer weiten Kurve. Dabei nehmen sie Kontakt zueinander auf und halten den Kontakt aufrecht, indem sie abwechselnd eine Idee einbringen. Durch die Nachfolge- und Nachahmungsreaktionen geben sie sich wechselseitig Anerkennung und fordern sich heraus. Impulse aus dieser Art der Bewegungsorganisation bewirken neurologisch die Verarbeitung von Geschwindigkeit und die Erfahrung von Rotation, zwei wichtigen Komponenten in der Herausbildung der Körperkoordination.

In der zweiten Sequenz experimentieren beide Jungen mit der dynamischen Regulation der Körperkoordination; sie laufen in unterschiedlichen Geschwindigkeiten aufeinander zu und stoppen plötzlich ab, wenn sie voreinander stehen. Dabei ist bemerkenswert, dass sie sehr darauf achten, nicht aufeinander zu prallen oder sich gegenseitig »umzurennen«. Beide sind interessiert, ihre Bewegungen zu steuern und sich aufeinander abzustimmen, also die körperliche Kraft nicht zur Durchsetzung einer Idee zu nutzen, sondern sich selbst zu regulieren.

Da nun diese körperbezogenen Abstimmungsprozesse durch ihre wechselseitige Anerkennung erfolgreich verlaufen sind, wagen beide Jungen den Übergang in die soziale Ebene - in die Ko-Konstruktion. Der jüngere von beiden – Tim – bestimmt seine Position als Ideengeber und läuf aus der Kreisform heraus. Er rennt um verschiedene andere Spielgegenstände bis zum Podestrand. Durch Umdrehen vergewissert er sich, ob Marvin ihm folgt. Dieser bestätigt ihm seine Position, indem er unmittelbar stoppt und abwartet, sobald Tim stehen bleibt. Hier sind sich beide einig – es gibt Tim, der als Erster läuf und Marvin, der ihm mit geringem Abstand folgt: Du bringst die Idee ein, ich übernehme sie und mache mit. Indem sie sich anlachen, bestätigen sie ihre soziale Beziehung zueinander.

Mehrmals rennt Tim einen Parcours um Spielgegenstände und Mobiliar. Ein Rollentausch erfolgt nicht. Danach kehren beide zu ihrer Ausgangsposition zurück. In dieser Spielphase haben beide einander auf der sozialen Ebene als Partner akzeptiert und konnten sich vergewissern, dass sie miteinander spielen, miteinander konstruieren und eine gemeinsame Bedeutung herstellen über das, was sie tun. Auf diesem Hintergrund sind beide in der Lage, ihre Spielbeziehung zu öffnen und Antonia als Dritte aufzunehmen. Das signalisieren beide gleichzeitig, indem sie Antonia anblicken und ihr zulachen, als diese ein nichtsprachliches Kommunikationssignal (»Zunge aus dem Mund hängen lassen«) aufgreift, beide nachahmt und ermutigt wird, sich zwischen beide einzufädeln. Das Ausrichten des gleichen Abstands zueinander kann als nonverbales Signal verstanden werden, dass sie sich als gleiche Spielpartner verstehen – und zum großen Erstaunen der Beobachterin eine Dreier-Beziehung ko-konstruieren!

Mit seinem Weggang gibt Tim das Signal, den Prozess der Koordination von Bewegung und Wahrnehmung und die Konstruktion einer sozialen Beziehung zu beenden. Er kommt wieder, so dass beide Jungen durch mehrfache Wiederholung der Anfangssequenz ihren Bildungsprozess zum Thema Konstruktion von Wahrnehmung, Bewegung und erste Ko-Konstruktion (soziale Beziehung) abschließen.

Drei Kinder, Mira (4 Jahre), Sebastian (4 Jahre) und Diana (4;5 Jahre), sind in einer kleinen, achteckigen Dachkammer, die vollständig mit Kissen und Polstern ausgelegt ist:

Alle drei Kinder hüpfen in der Mitte des kleinen (fast runden) Raumes auf den Polstern und Kissen herum. Dann laufen

Beobachtungsszene II

sie nacheinander am äußeren Rand des Raumes, der über zwei Stufen erhöht ist, und balancieren auf dem Absatz entlang. Mira legt ein würfelförmiges Polster auf den Rand. Sie laufen nun nacheinander um den Rand, steigen auf den Würfel und springen in die Mitte des Raumes, auf die Polster und Kissen. Sebastian will an Mira vorbeigehen und schubst sie dabei. Mira drängt ihn ab und schubst Sebastian auf die Polster; Sebastian protestiert, steht auf und reiht sich wieder als Dritter nach Diana in die Sprungformation ein; er sagt, dass er auch »Erster« sein will und hüpft vom Würfel. Beide Mädchen sagen, das geht nicht, sie seien schon »Erster« und Diana ergänzt: »Und ich bin Zweiter, immer hinter Mira.«

Mira (mit dem Zeigefinger auf sich, danach auf Diana zeigend): »Das geht nicht, erst bin ich Erster, dann ist Diana Zweiter, dann bin wieder ich Erster.«

Sebastian wendet ein: »Ich bin aber auch Erster.«

Mira antwortet: »Das geht nicht, du bist hinten.«

Sebastian geht weg, weil er Sandra (der Erzieherin) sagen will, er wolle auch »Erster« sein.

Diana und Mira setzen ihr Bewegungsspiel fort, sie springen vom Polsterwürfel in die Mitte und waten durch die Kissen, steigen an der gegenüberliegenden Seite heraus, gehen am Rand entlang und steigen wieder auf den Würfel. Dabei sprechen sie darüber, wie sie vom Würfel auf die Polster springen:

Mira: »Ich spring jetzt mit beiden Füßen ab.«

Diana: »Ich spring auch mit beiden Füßen ab.«

Mira: »Ich spring jetzt weit.«

Diana: »Ich spring jetzt hoch.«

Mira: »Ich spring noch höher.«

Diana: »Ich spring auf Rot.«(Auf ein rotes Polster.)

Mira: »Ich spring auf Grün.«

Diana: »Ich springe auf Rot-Grün.« (Ein Fuß landet auf dem grünen, der andere auf dem roten Polster.)

Mira: »Ich plumpse jetzt.«

Über einen Zeitraum von fünf Minuten hüpfen sie auf unterschiedliche und variationsreiche Art und Weise vom Polsterwürfel auf die Kissen und andere Polster in der Raummitte.

Diana: »Autsch, das hat gewackelt.« Beide lachen und setzen ihre Sprungaktivitäten fort.

Sebastian kommt zurück und äußert, Sandra habe gesagt, er könne auch »Erster« sein. Dabei deutet er auf sich und sagt: »Erst ich Erster, dann Diana Erster, dann Du (Mira) Erster.«

Mira antwortet: »Nein, das geht nicht.« Sie ergänzt: »Also ich gehe jetzt.«

Sebastian lenkt ein: »Dann immer zweimal.« (Er meint damit, man könne zweimal hintereinander Erster sein.) Beide Mädchen ändern ihre Strategien:

Mira: »Ich geh' jetzt.«

Diana: »Ich geh' auch.«

Dabei steigen sie mit einem großen Schritt nach vorne vom Würfel auf die Polster und Kissen.

Sebastian reiht sich ein und springt »als Erster« vom Würfel. Mira antwortet ihm: »Das gilt nicht. Wir gehen runter!«

Beide Mädchen »gehen« oder »schreiten« vom Würfel, Sebastian springt und betont dabei, dass er jetzt der »Erste« in der Reihe sei. Die Mädchen spielen »ihr Spiel«, der Junge spielt »seines«.

Stellt man wiederum die Frage nach dem »Thema«, so bedeutet das – unter dem Gesichtspunkt der Konstruktion von Bewegung und Wahrnehmungsprozessen gesehen:

Mira springt mit dem rechten Fuß ab und landet mit beiden Füßen in Hockstellung auf den Polstern, dabei breitet sie beide Arme aus und stabilisiert ihr Gleichgewicht beim Aufkommen. Oder: Bevor Mira vom Würfel abspringt, prüft sie mit ihren Blicken, in welche Richtung und auf welches Polster sie springen will. Oder: In der Abfolge der Sprünge wird deutlich, dass Mira die Polster und Kissen nach Farben auswählt: zuerst das rote, dann das braune, dann das blaue Polster.

Hat die beobachtende Erzieherin ihren Blick darauf gerichtet, was sich »zwischen den Kindern abspielt und was da ausgehandelt wird«, dann würde sie vermuten können, dass es um die Konstruktion einer sozialen Regel geht: »Wer darf Erster sein?« und »Wir wechseln uns ab«. Hierbei könnte die Erzieherin auch fokussieren, dass die Mädchen die Regel bestimmen und sie mit dem beteiligten Jungen nicht aushandeln, also keine gemeinsame Bedeutung miteinander (ko-)konstruieren. Hier würde nicht die Konstruktion von Bewegung und Wahrnehmung als Thema der Kinder interpretiert werden können, sondern die »Konstruktion von Regeln«, was kognitionspsychologisch der Herausbildung von Moral zugeordnet werden kann.

Beobachtungsszene III In einer Halle, die als Bewegungs-, Theater- und Versammlungsraum genutzt wird, sind acht 5- bis 6-jährige Jungen an verschiedenen Gerätschaften tätig. Zur Beobachtungszeit ist eine Art Bewegungsbaustelle aufgebaut, d. h. in die Sprossenwand wurden Langbänke eingehängt und darauf liegen große Bodenmatten, die als Schräghang dienen. Außerdem sind dicke Seile und Taue an der Sprossenwand befestigt.

Fünf Jungen (zwischen 5 und 6 Jahre) rennen in unterschiedlichen Formationen die schräg liegenden Matten hinauf und lassen sich in verschiedenen körperlichen Positionen herunterrollen. Sie spielen »Wir kapern ein Piratenschiff«, raufen miteinander, hangeln sich an den Seilen an der Sprossenwand hoch, lassen sich herunterfallen, rennen hinauf und hinunter, hopsen auf den dicken Matten herum.

In diesem Beispiel wird deutlich, dass die älteren Kinder ihre Bewegungsorganisation bereits sehr viel großräumiger arrangieren, sie unter dem Aspekt der Ko-Konstruktion einem »Thema« unterordnen, das einem Buch über Abenteuerreisen entspringt und sich kognitiv von den Vorstellungen der Abenteurer leiten lassen. Bei genauem Hinsehen kann man erkennen, dass es jedem Einzelnen der fünf Jungen immer wieder um starke Impulse zur Körperkoordination geht und die sozialen Bezüge zu anderen mitspielenden Kindern immer wieder kurzfristig unterbrochen werden; auf der Interaktionsebene ist ein »loses Miteinander« zu sehen; jeder gibt eine Idee ein, achtet jedoch nicht darauf, dass ein anderer sie aufgreift und beantwortet. Körperkraft, Schnelligkeit und Ausdauer sind offensichtlich die Leitziele, die die Kinder zu dieser Form der Selbstbildung herausfordern.

Ziemlich kühn, dieses Bauwerk aus Möbeln und Kissen. Aber es ist ja auch ein Schiff. Das darf schon mal kräftig ins Schwanken geraten.

Beate Andres

· ·

Beobachtung
und fachlicher Diskurs

Die Umsetzung des Bildungsauftrags in Kindertageseinrichtungen ist eingebunden in eine Pädagogik der Verständigung. Zentrale Handlungsschritte einer solchen Pädagogik sind die Beobachtung der Kinder und der fachliche Diskurs der Erzieherinnen.

Auch wenn wir davon ausgehen, dass Bildungsprozesse immer Selbstbildungsprozesse sind, dürfen die Kinder auf ihren je individuellen Wegen der Weltaneignung nicht allein gelassen werden. Sie brauchen ein soziales Gegenüber; Erwachsene, die sie ernst nehmen, sie in ihrem So-Sein anerkennen, sie unterstützten in der Umsetzung ihrer Handlungsabsichten, aber gegebenenfalls auch in ihrem Tun korrigieren; Erzieherinnen, die dem Kind durch ihr Handeln Orientierung geben.

Da Kinder in ihren Bildungsprozessen immer ganz eigenen individuellen Wegen folgen, ist die Qualität der Bildungsarbeit in einer Kindertageseinrichtung ganz wesentlich daran zu messen, ob jedes Kind die Unterstützung erhält, die es braucht, aber auch herausgefordert wird, sich auf Neues und Unbekanntes einzulassen. Damit erhält die Beobachtung als Aufgabe der Erzieherin im pädagogischen Prozess einen zentralen Stellenwert. Denn um jedem Kind in seinem Interessen- und Bedeutungszusammenhang antworten zu können, muss eine Erzieherin zunächst wissen, mit welchen Themen das Kind gerade beschäftigt ist und wie es mit diesen Themen umgeht. Auch wenn wir als Erwachsene davon ausgehen müssen, dass wir die Kinder nie ganz verstehen werden, so kann doch der Dialog mit dem Kind nur gelingen, wenn Erzieherinnen durch kontinuierliche Beobachtungen und Gespräche mit den Jungen und Mädchen versuchen, zu verstehen, was die einzelnen Kinder umtreibt, wo ihre Leidenschaften liegen und wie die Bedeutungskontexte aussehen, aus denen heraus sie ihre je individuelle Welt konstruieren.

Ihrem beruflichen Selbstverständnis nach wären Erzieherinnen, die ihre Kindertageseinrichtung als Bildungsstätte definieren, also forschende Pädagoginnen, die den Kindern mit Offenheit begegnen und mit Ernsthaftigkeit die Hypothesen der einzelnen Jungen und Mädchen über die Welt und ihre Beschaffenheit zu verstehen suchen.

Wie lässt sich diese forschende Haltung in Handlungsschritte **Die** umsetzen? Zunächst einmal geht es darum, die Kinder gezielt **Beobachtung** zu beobachten und die Dialoge und Handlungen der Kinder zu dokumentieren. Dies kann durch schriftliche Aufzeichnungen und Fotos oder durch Ton- oder Videoaufnahmen geschehen. Zur Bildungsarbeit in einer Kindertageseinrichtung gehört, dass jede Erzieherin sich regelmäßig im Wochenablauf – in Absprache mit den Kolleginnen – für eine kurze Phase des Tages von ca. 20 bis 30 Minuten aus der direkten Interaktion mit den Kindern herauszieht, vom Rand des Geschehens aus verfolgt, was bestimmte Kinder oder Kindergruppen tun und dies dokumentiert. In einer Pädagogik, die darauf abzielt, sich gemeinsam mit den Kindern auf Bildungswege zu begeben, hat die Erzieherin, wie die Praxis in den kommunalen Kindergärten und Krippen in Reggio eindrucksvoll zeigt, vor allem eine hörende, beobachtende und verstehende Rolle (Tiziana Fillippini, 1995).

Dazu gehört, nicht nur auf das scheinbar Besondere zu achten und nicht vorschnell zu bewerten, was die Kinder tun. Da sich die »100 Sprachen« der Kinder nicht ohne Weiteres erschließen, ist es umso wichtiger, vor den schriftlichen Aufzeichnungen festzulegen, welche Kinder oder Aktivitäten beobachtet werden sollen, und möglichst genau aufzuschreiben, was die einzelnen Mädchen und Jungen sagen und tun. Auch die kleinen und unscheinbaren Dinge können bedeutsam sein, um die Kinder und ihre Themen besser zu verstehen. Ein Beispiel dafür ist die erste Beobachtungsszene, die Anne Heck in diesem Band vorstellt. Zwei Jungen rennen um eine Kiste, eine scheinbar belanglose Aktion, nicht der Dokumentation wert, oder? Erst bei genauerem Hinsehen wird deutlich, dass jeder der Jungen nicht nur auf vielfältige Weise mit seiner Körperkoordination experimentiert, sondern beide sich aktiv bemühen, ihre Bewegungen aufeinander abzustimmen. Zugleich klären sie über viele kleine soziale Signale, ob sie einander verstehen. Sie bestätigen sich wechselseitig und bauen gemeinsam ihre soziale Beziehung aus.

Damit solche Details nicht verloren gehen, sollte das, was beobachtet wird, sofort aufgeschrieben werden; es sollten keine Gedächtnisprotokolle erstellt werden. Allzu leicht sind sonst nach einigen Stunden Dinge vergessen, die vielleicht ausschlaggebend sind, um zu verstehen, mit welchen Themen die Kinder in einer Handlungssequenz befasst waren. Nun ist jedoch auch bei der besten Absicht, sachlich genau aufzuschreiben, was die Kinder sagen und tun, jede Beobachtung subjektiv. Die individuellen Konstruktionen von Wahrnehmung kommen auch in den Beobachtungsprotokollen der verschiedenen Erzieherinnen einer Kindertageseinrichtung zum Ausdruck. In die Beobachtungen fließen das biografische Gewordensein jeder Beobachterin, Gefühle, Vorlieben und Abneigungen mit ein. Auch die Erfahrungen, die sie mit den Kindern, die sie beobachtet, bislang gesammelt hat, lenken ihre Wahrnehmung. Wir schlagen deshalb vor, die Subjektivität der Beobachtung anzuerkennen und die Besonderheit jeder ganz individuellen Wahrnehmung ernst zu nehmen. Da Pädagoginnen in ihrem beruflichen Handeln gefordert sind, sich einfühlsam in das Gegenüber hineinzuversetzen, die Gefühle und Bedürfnisse der Kinder zu erkennen und angemessen darauf zu reagieren, also auch mit dem Herzen und nicht nur mit dem Verstand zu sehen, sollten Emotionen, die sich beim Blick auf eine Aktion der Kinder regen, ebenso festgehalten werden wie Interpretationen und Zuschreibungen. Wichtig ist dabei, dass sich die Erzieherin die verschiedenen Perspektiven, die beim Blick auf das Geschehen eine Rolle spielen, vergegenwärtigt und das, was sie tatsächlich hört und sieht, von Bewertungen und Vermutungen trennt, so dass die eigenen Gefühle und Deutungen den Blick auf die Neugierde, den Forschergeist und die Empfindungen der einzelnen Kinder nicht verstellt.[13] Stimmen doch die körperlichen und emotionalen Reaktionen der Beobachterin oder des Beobachters keineswegs immer mit den Empfindungen und der Situationsbewertung des Kindes überein. Wird hier aufmerksam unterschieden, werden die eigenen Empfindungen nicht vorschnell auf das beobachtete Kind übertragen, versucht der Erwachsene vielmehr, sich in die Perspektive des Jungen oder Mädchens hineinzudenken und diese zu dokumentieren, so wächst die Chance, die Themen des Kindes zu verstehen. Zunächst wird also das festgehalten, was zu sehen ist. Dann wird in einem nächsten Schritt gefragt: Was denke ich, wie fühlt sich dieses Kind jetzt? Welche Bedeutung hat die Situation für das Kind aus meiner Sicht?

Aber die regelmäßige gezielte Beobachtung ist nicht nur ein Forschungsinstrument, das der Erzieherin hilft, die einzelnen Kinder und ihre Bildungsthemen zu verstehen. Die schriftliche Dokumentation sollte auch als Grundlage für die Reflexion der eigenen Handlungen und emotionalen Reaktionen genutzt werden. Durch (Selbst-)Beobachtung kann eine Erzieherin herausfinden, dass sie auf bestimmte Handlungen eines Kin-

13 Ein Beispiel für einen Beobachtungsbogen, der dieser Trennung Rechnung trägt, findet sich mit Erläuterung als Arbeitsblatt 7.

des mit Begeisterung, Ärger oder Vermeidung reagiert. Da sie dem Kind immer als ganze Person gegenübertritt, gehört es zu ihrer beruflichen Qualifizierung, sich der eigenen Biografie, der lebensgeschichtlich entwickelten Fähigkeiten und Grenzen bewusst zu werden und die gewonnenen Erkenntnisse zu nutzen. Deshalb ist es wichtig, im Kontext einer Beobachtung auch zu fragen, welche Reaktionen, Erinnerungen, Gedanken ein bestimmtes Geschehen wachruft, sich auf Spurensuche zu begeben nach Geschichten, Erfahrungen, die bestimmte Reaktionen erklären könnten, also zu reflektieren, was der biografische Hintergrund dieser Reaktionen sein könnte.[14] Das Bewusstsein der eigenen Kompetenzen, aber auch der Schwierigkeiten, die man mit bestimmten Situationen und Kindern hat, ist die Voraussetzung für Veränderungen und die Suche nach Lösungen und somit für die Weiterentwicklung des eigenen beruflichen Handelns.

Zugleich spiegeln die eigenen Empfindungen möglicherweise auch die Atmosphäre, die der beobachteten Szene innewohnt. Reizt die Aktion eines Kindes oder einer Gruppe zum Gähnen, dann sind vielleicht auch die beobachteten Kinder eher gelangweilt. Vielleicht fehlt ihnen in den materiellen, räumlichen und sozialen Möglichkeiten der Kindertageseinrichtung die Herausforderung, sich auf neue, weiterführende Themen einzulassen. Erst wenn die Beobachterin/der Beobachter sich dieser Gefühle bewusst wird und sie aufschreibt, wird es möglich, dieser Frage nachzugehen, zu prüfen, ob die Hypothese haltbar ist und die Kinder tatsächlich unterfordert sind, und dies zum Gegenstand der pädagogischen Planung im Team zu machen.

---

14 Siehe hierzu auch Marion Musiol 2002.

Auf der Basis der individuellen Dokumentationen der einzelnen Erzieherinnen erfolgt dann im nächsten Schritt die fachliche Reflexion mit den Kolleginnen und Kollegen in der Kindertageseinrichtung. Die Beobachtungen der einzelnen Erzieherinnen sind also immer auch Grundlage des fachlichen Dialogs im Team. Im Zentrum dieses Dialogs stehen die Themen der Kinder, die kontinuierliche Überprüfung der Bildungsmöglichkeiten und -erfahrungen, die den einzelnen Mädchen und Jungen in der Einrichtung angeboten werden, und die Reflexion des eigenen pädagogischen Handelns. Die schriftlich oder auf Videofilmen dokumentierten Beobachtungen bilden die Grundlage dieser Überprüfung und sind zugleich Basis für die weitere Planung der pädagogischen Arbeit. Ohne eine solche kontinuierliche Dokumentation bleibt pädagogische Planung beliebig oder einseitig an den – wenn auch legitimen – Interessen der Erwachsenen orientiert. Es kann den Erzieherinnen dann nur schwer gelingen, die Balance zu halten zwischen den Erziehungszielen der Erwachsenen und den je individuellen Bildungsprozessen der Kinder.[15]

Der fachliche Diskurs im Team

Im fachlichen Dialog im Team werden zunächst Deutungen zu den dokumentierten Bildungsprozessen zusammengetragen und Verknüpfungen zu bereits vorliegenden Beobachtungen hergestellt. Die gemeinsam zusammengetragenen Erkenntnisse über die aktuellen Themen der Kinder bilden dann die Basis für die weitere pädagogische Planung.

Der Vorteil der gemeinsamen Auswertung der Dokumentationen mit den Kolleginnen einer Kindertageseinrichtung liegt darin, dass alle ihre Kompetenzen einbringen können. Da die Kinder in einer Beobachtungssequenz nahezu immer mehrere Themen parallel behandeln und möglicherweise während einer großen Bewegungsaktion zugleich Regeln ausgehandelt und Beziehungsfragen geklärt werden, ist es sehr hilfreich, wenn mehrere Erzieherinnen mit jeweils eigenem fachlichem Schwerpunkt das Tun der Kinder gemeinsam interpretieren.

15 Vgl. dazu Hans-Joachim Laewen in diesem Band.

Damit ist die Chance größer, auch die Bildungsthemen zu erkennen, die auf den ersten Blick nicht offen zu Tage treten. Ist die Zusammenarbeit im Team von wechselseitiger Anerkennung und Vertrauen gekennzeichnet, dann können auch die emotionalen Reaktionen der Beobachterin offen besprochen und ebenso wie die Themen der Kinder für die weitere pädagogische Planung genutzt werden.

Es ist für alle beteiligten Erzieherinnen ein Gewinn, wenn vorliegende Beobachtungsprotokolle Gegenstand des fachlichen Dialogs im Team sind. Die Erzieherin, die ihre Beobachtungen in den kollegialen Diskurs einbringt, kann durch die Einbeziehung der Kompetenzen ihrer Kolleginnen den eigenen Blick auf einzelne Kinder oder Kindergruppen weiten, ihre fachliche Reflexion durch die Nachfragen der anderen vertiefen und die weitere pädagogische Planung auf eine breite Diskussion über die Bildungsprozesse der Kinder stützen. Diejenigen, die eine dokumentierte Szene nicht selbst beobachtet haben, können ihre Kenntnis über die Interessen der einzelnen Jungen und Mädchen, die aktuellen Freundschaftsbeziehungen und über sonstige Entwicklungen in den Kindergruppen erweitern. Insgesamt wird die gemeinsame pädagogische Planung des Teams anhand der individuellen Beobachtungsdokumentationen auf eine breitere Basis gestellt und bewegt sich damit näher an den aktuellen Themen und Interessen der einzelnen Kinder.

Der Prozess der Verständigung über die Themen der Kinder und die Bildungsmöglichkeiten, die in der Kindertageseinrichtung zur Verfügung stehen, ist dabei nie abgeschlossen. Gefundene Interpretationen und Antworten sind zunächst vorläufig. Die Erzieherinnen müssen in den folgenden Tagen überprüfen, ob ihre Deutungen standhalten. Zugleich bleiben immer Fragen offen und werden auf der Basis der Dokumentationen Hypothesen aufgestellt, die dann im Gespräch mit den Kindern und in den nächsten Beobachtungen das Erkenntnisinteresse und die Aufmerksamkeit der einzelnen Erzieherinnen leiten. Die Erzieherinnen stützen sich also in den darauf folgenden Tagen auf die im Diskurs gewonnenen Erkenntnisse. Sie versuchen herauszufinden, ob die im Team zusammengetragenen Überlegungen weiterführend sind. Die neu gesammelten Beobachtungen werden dann in die fachlichen Zusammenkünfte mit den Kolleginnen zurückgetragen und dort wieder zum Gegenstand des Dialogs.

Die Beobachtung und der fachliche Diskurs im Team bieten die Grundlage, wenn auch nicht die Garantie, von der ausgehend die Erzieherin die Bildungswege der Mädchen und Jungen begleiten und Bildungserfahrungen ermöglichen kann, die dem jeweiligen Kind in der gegebenen Situation angemessen sind. Zugleich bleibt dieser Prozess eine Herausforderung für die Erzieherin. Da dem Studium dessen, was das Kind tut und denkt, Grenzen gesetzt sind und jeder Erkenntnisgewinn zugleich vorläufig und hypothetisch ist, gilt es, eine geänderte Sicht auf das eigene professionelle pädagogische Handeln zu entwickeln und sich als Forschende und nicht als Wissende zu definieren. Ob der fachliche Diskurs gelingt und zum festen Bestandteil des professionellen Handelns der Kolleginnen in einer Kindertageseinrichtung wird, hängt somit auch davon ab, ob die Erwachsenen gern zusammenarbeiten und – wie Loris Malaguzzi den gelungenen Prozess der Verständigung beschreibt – »ihre Lust daran entdecken, gemeinsam... zu reflektieren, Projekte zu entwickeln, zu diskutieren und zu forschen« (1997, S. 199).

Die Umsetzung des Bildungsauftrags von Kindertageseinrichtungen verläuft also nicht linear. Ebenso wie Kinder in ihrer Beschäftigung mit einem Thema Umwege gehen, Dinge ausprobieren und wieder verwerfen, scheinbar wieder von vorn anfangen, folgen auch die Erzieherinnen in ihren Verstehensprozessen einem spiralförmigen, forschend handelnden Vorgehen. Im Wechsel zwischen dem gemeinsamen Tun und den Gesprächen mit den Kindern, den Beobachtungen und Dokumentationen und der Reflexion im Team werden immer neue Ebenen des Verstehens und Handelns erreicht.

Mit vier ist alles Neuland. Macht alles klüger. Egal ob es um Bauen, Schwerkraft oder Freundschaft geht. Der Weg zur kindlichen Erkenntnis: ein erstaunlicher Prozess!

Erziehung ist...

In diesem Teil des Bandes werden wir uns auf die Frage konzentrieren, welche Folgen die im ersten Teil beschriebenen
und begründeten Bildungsprozesse von Kindern für die
pädagogische Arbeit in den Kindertageseinrichtungen haben
sollten. Dazu werden in insgesamt acht Arbeitsblättern Themen vorgestellt, die aus unserer Sicht im Zentrum einer Neu-
bestimmung von Erziehung im Vorschulalter stehen können.
Erziehung ist dabei als Antwort der Erwachsenen auf die Bil-
dungsbewegung der Kinder gedacht, die sowohl Themen der
Kinder aufgreift und erweitert, als auch Themen zumutet, die
sonst von Kindern nicht gefunden werden könnten. Erziehung
kann nicht länger als notfalls gewaltsame Anpassung von Kindern an die Erwachsenenwelt verstanden werden, sondern
muss Welterfahrung für die Konstruktionen der Kinder verfügbar machen und mit Blick auf wünschenswerte Ziele die
Konstruktionsleistungen der Kinder herausfordern. Bildung
ist dann das, was Kinder aus Erziehung machen.

Das Arbeitsblatt 1 fasst noch einmal im Überblick zusammen, was Erziehung unter dieser Perspektive sein kann und
bietet erste Hinweise auf Handlungsfelder in der alltäglichen
Praxis von Kindertageseinrichtungen. In den folgenden Arbeitsblättern werden diese Themen vertieft und mit konkreten
Handlungsvorschlägen verknüpft. Natürlich kann dies nicht
abschließend und umfassend geschehen, das wäre auch in einem umfangreicheren Buch als diesem nicht möglich. Es ist

geplant, diesen praxisorientierten Teil in zukünftigen Veröffentlichungen weiter auszubauen und jeweils auf dem aktuellen Stand der Arbeit zu ergänzen.

Die Erfahrung aus dem Projekt, dessen Ergebnisse diesem Text zugrunde liegen, zeigen aber, dass der hier vorgestellte neue Zugang zu den Aufgaben von Bildung und Erziehung vielfältige Ideen freisetzen kann, die zu unerwarteten und kreativen Lösungen führen. In diesem Sinne erwarten wir, dass die Arbeitsblätter die Leiterinnen und Erzieherinnen zu weiterführenden praxisnahen und überraschenden Konstruktionen herausfordern werden.

Erziehung ist...	• *ein legitimes kulturelles Anliegen* Als solches muss Erziehung Ziele formulieren, reflektieren und begründen: auf gesellschaftlicher Ebene u. a. als Kompetenzbedarf, auf persönlicher Ebene u. a. als Verhaltenserwartungen und Wertvorstellungen.
Erziehung ist...	• *eine konkrete Tätigkeit von Erwachsenen,* die sich in Kindertageseinrichtungen wesentlich auf Bindungsbeziehungen zwischen Fachpersonal und Kindern stützt *(siehe Arbeitsblatt 5)*. Als solche kann Erziehung grundsätzlich zwei Formen annehmen, die mit Bildung vereinbar sind:
Erziehung als...	• **Gestaltung der Umwelt des Kindes** Dazu gehören *(siehe Arbeitsblatt 2)*: – die Ausgestaltung der Räume, zu denen das Kind Zugang hat u. a. durch Podeste, schiefe Ebenen, begehbare Raumkonstruktionen, Mobiliar, etc. – die Ausstattung der Räume mit Bildern, Grafiken, Symbolzeichen (verschiedene Schriften incl. Notenschrift,

Zahlen, mathematische Symbole, etc.), Architekturfotos
oder -zeichnungen, Bilder von Menschen verschiedener
Hautfarbe und bei verschiedenen Tätigkeiten, etc.
– die Einrichtung von »Bildungsinseln« als Weiterent-
   wicklung der Funktionsecken, (z. B. orientiert an
   dem Konzept der Multiplen Intelligenzen von H. Gardner),
   (siehe Arbeitsblatt 6)
– die Auswahl und Gestaltung von Situationen und
   Ereignissen, an denen das Kind teilhaben kann u.a.
– Begrüßungs- und Abschiedssituationen
– Mahlzeiten unterschiedlicher Verbindlichkeitsstufen und
– Förmlichkeit (z. B. gleitendes Frühstück, gemeinsames
   Mittagessen, Festessen, Essen mit eingeladenen Gästen,
   Essensrituale anderer Kulturen, etc.)
– Konfliktsituationen zwischen Erwachsenen und ihre
   (zuvor vereinbarten) Wege der Bewältigung
– Exkursionen in die Umgebung der Einrichtung mit z. B.
   Straßenverkehrs-, Kauf-, Arbeits-, Arztbesuchsituationen
– Musik hören (auch und besonders klassische), (Tanz-)
   Theater oder Pantomime sehen und daran teilhaben
– Briefeschreiben und mit (einrichtungsinterner) (Rohr-)
   Post verschicken
– Zeit-Spiele, z. B. Wir haben es eilig/Wir nehmen uns Zeit
– Gelegenheiten für Ko-Konstruktionen zwischen den
   Kindern, z. B. über Basteln-Malen-Tanzen-Erzählen
   von Geschichten zu einem zuvor erlebten Ereignis und
   die Ko-Konstruktion verschiedener Bedeutungsaspekte
   durch die Kinder

Erziehung
als...

• Gestaltung der Interaktion mit dem Kind

Sie kann wiederum zwei grundlegende Formen annehmen:

Die Zumutung von Themen durch den Erwachsenen und die Beachtung der Antwort des Kindes darauf
(siehe Arbeitsblatt 3)

In diesen Bereich gehören alle Themen, die mit den zuvor defi-nierten Erziehungszielen zusammenhängen. Grundsätzlich geht es um die Erweiterung des Erfahrungsraumes der Kinder und die Herausforderung ihrer Kompetenzen.

Die Beantwortung von Themen des Kindes durch den Erwachsenen und die Beachtung seiner Reaktion darauf
(siehe Arbeitsblatt 4)

Themen der Kinder können u. a. sein:
– Laufen lernen
– Bindungen aufbauen und benutzen
– Beeinflussung des Verhaltens von anderen Kindern oder Erwachsenen
– Grenzen erkennen und ggf. überwinden
– Werte und Regeln verstehen: ihren Sinn durch eigenes Handeln (re-) konstruieren
– Gruppenzugehörigkeit
– Ich bin nicht du!
– Konkurrieren oder kooperieren?
– Andere täuschen
– Tauschen
– (Freundschafts-) Beziehungen zu anderen Kindern aufbauen, aufrechterhalten und weiterentwickeln
– Gerechtigkeitsmodelle
– Bewegungskoordination
– Was ist das? Fragen formulieren und nach Antworten suchen
– Konflikte austragen und beenden, etc.

Die Themen der Kinder können entweder als Teil allgemeiner Prozesse der Selbstkonstruktion erwartet (Kenntnisse über typische Entwicklungsthemen erforderlich) oder müssen im Einzelfall identifiziert werden. In beiden Fällen müssen das Verhalten und die sprachliche Kommunikation des Kindes wahrgenommen und interpretiert werden. Voraussetzung für ein Gelingen sind die Dokumentation der Kommunikation des Kindes und ihre Interpretation im fachlichen Austausch mit Kolleginnen und externen Fachkräften (siehe Arbeitsblatt 7).

Erziehung als konkrete Tätigkeit vermittelt zwischen dem kulturellen Anliegen und den Bildungsprozessen des Kindes. Soweit sie auf Bildung zielt, kann sie nicht das Ziel haben, sie gegen das Kind durchzusetzen.

Manuel, fünf Jahre, allein mit Säge
das sieht gefährlich aus.
Doch die Erfahrung zeigt: Kinder,
die Vertrauen spüren,
entwickeln oft ungeahnte Kompetenzen.

A r b e i t s b l a t t 2

Erziehung als Gestaltung der Umwelt
Räume und
komplexe Erfahrungen

Jedes Kind ist von Geburt an mit all' seinen Sinnen und Kräften bemüht, sich ein Bild von der Welt zu machen. Es bildet sich selbst. Dabei sind die Bildungsmöglichkeiten der einzelnen Kinder abhängig von den materiellen Gegebenheiten und Angeboten der Umwelt und den sozialen Erfahrungen mit Erwachsenen und anderen Kindern. Mit diesem Arbeitsblatt soll Ihr Blick auf den Teil der Erziehungstätigkeit gelenkt werden, der durch die Gestaltung der Räume und das Bereitstellen von vielsinnlichen und komplexen Erfahrungen die Bildungsprozesse der einzelnen Kinder unterstützt und herausfordert.

Hat das Kind die Möglichkeit in seiner unmittelbaren Umgebung komplexe vielsinnliche Erfahrungen zu sammeln, so wirkt sich das bereits in den ersten Lebensmonaten positiv auf die Architektur seines Gehirns aus. Irreversibel werden Verbindungen zwischen den Nervenzellen entweder erst gar nicht hergestellt oder aber wieder »eingeschmolzen«, wenn das Gehirn nicht über Wahrnehmungserfahrungen zur Optimierung herausgefordert wird .[1]

Erziehung als konkrete Tätigkeit (vgl. Arbeitsblatt 1) ist vor diesem Hintergrund daran zu messen, ob und in welchem Umfang jedes einzelne Kind in einer Kindertageseinrichtung seine individuellen Fähigkeiten und Interessen weiterentwickeln kann. Zu fragen ist unter anderem, ob die Kinder vielfältige

[1] Singer, Wolf: Wie kann ein Mensch wann lernen? Vortrag gehalten anläßlich des ersten Werkstattgesprächs der Initiative McKinsey bildet, Frankfurt/Main am 12. Juni 2001 und Singer, Wolf: Interview. In: Das Rad neu erfinden, Videofilm von Donata Elschenbroich, DJI 1999.

und komplexe oder nur eng begrenzte und einfache soziale
und materielle Erfahrungen über die Welt und ihre Beschaffenheit sammeln können, und ob die Erwachsenen in der Gestaltung der Umwelt der Kinder Bildungsanreize schaffen,
durch die jedes Mädchen und jeder Junge zum forschenden
Lernen herausgefordert wird.

Damit hat die Gestaltung der Räume und das bereitgestellte
Material unmittelbar Einfluss auf die Bildungsmöglichkeiten
der Kinder, die in der Kindertageseinrichtung einige oder viele
Stunden des Tages verbringen. Dies betrifft nicht nur das vorhandene Spielzeug und Spielmaterial, sondern auch das Angebot an Kulturgütern aus der Erwachsenenwelt, wie z. B. klassische Musik, moderne Kunst, Konstruktionszeichnungen und
Computer, die in ihrer Komplexität im Gegensatz zu den von
Erwachsenen geschaffenen verniedlichenden Kinderland-
schaften eine Herausforderung für die Kinder darstellen.

Ein vielfältiges und qualitativ gutes Angebot an Spielzeug
und Material, das übersichtlich geordnet dem Kind eine freie
Auswahl ermöglicht, ist ebenso wie die Ausgestaltung der
Räume mit anregenden komplexen Exponaten Ausdruck der
Anerkennung der intensiven Selbstbildungsprozesse der Kin-
der durch die Erwachsenen.

Woran können Sie erkennen, ob diese theoretischen Überlegungen in der Praxis Ihrer Kindertageseinrichtung bereits umgesetzt sind? Die nachfolgend aufgeführten Merkmale sind
als ein Leitfaden gedacht, mit dem Sie durch die Räume Ihre
Kindertageseinrichtung gehen und prüfen können, welche
Bildungsanreize Sie in der Gestaltung der Räume und im Materialangebot für die Kinder bereits geschaffen haben, und an
welchen Stellen Umstrukturierungen und Erweiterungen notwendig sind.[2]

1. Die Kindertageseinrichtung als gestalteter Raum

[2] Die Qualitätsmerkmale sind Auszüge aus der Projektveröffentlichung »Laewen, H.-J. & Andres, B. (Hrsg.): Bildung und Erziehung in der frühen Kindheit, Bausteine zum Bildungsauftrag in Kindertageseinrichtungen«, Kapitel 8, Andres, B. · Und woran würde ich merken, dass …?

Die Kinder-
tagesein-
richtung als
gestalteter
Raum

Raumaufteilung nach Funktionen

Mit der Einteilung Ihrer Kindertageseinrichtung in Funktionsräume ermöglichen Sie es den einzelnen Mädchen und Jungen,
den Aktivitäten nachzugehen, die ihrem derzeitigen individuellen (Bildungs)interesse entsprechen, ohne dabei andere Kinder zu stören, die je andere Bedingungen und Gegebenheiten
brauchen (v.d. Beek, Buck, Rufenach 2001).

Wenn Sie sich in Ihrer Kindereinrichtung für die offene Arbeit entschieden haben, gehören solche Funktionsräume zu
Ihrem Konzept. Aber auch wenn Sie bislang ausschließlich in
Gruppenräumen arbeiten, empfehlen wir Ihnen, gemeinsam
mit Ihren Kolleginnen zu überlegen, ob nicht einzelne Funktionsecken ausgelagert und als Bildungsinseln (vgl. Arbeitsblatt
6) allen Kindern der Einrichtung oder Abteilung zugänglich
gemacht werden können (vgl. Regel, G.&Wieland A.I.
[Hrsg.]1993). Zu fragen wäre im Einzelnen:

– Gibt es mindestens einen Bereich, der besonders zum
  forschenden Umgang mit Sachen auffordert (beobachten
  messen, experimentieren)? Ist dieser Bereich in sich
  nach bestimmten Schwerpunkten untergliedert? Werden,
  ausgerichtet an den Themen der Kinder, über die
  Zeit wechselnde Forschungsschwerpunkte unterstützt?
– Gibt es mindestens einen Bereich (Atelier, Musik-
  zimmer), in dem sich die Kinder dem künstlerisch,
  kreativen Umgang mit Sachen widmen können?
– Ist mindestens ein eigens vorbereiteter Bewegungsraum vorhanden?
– Gibt es mindestens einen Orte, an dem sich die Kinder
  mit Gesprochenem, Geschriebenem[3] und bildlichen
  Darstellungen auseinandersetzen können?
– Stehen abgegrenzte Bereiche für darstellendes Spiel und
  Rollenspiele zur Verfügung?
– Wird den Kindern durch die Raumaufteilung und die

[3] Bis zu diesem Punkt folgt die Einteilung den Erfahrungsbereichen der Bielefelder Laborschule
(Thurn, 2000, S. 6)

Anordnung des Mobiliars in klar abgegrenzte Bereiche ermöglicht in kleinen Gruppen binnen differenziert an ihren jeweiligen Themen zu arbeiten?

Orte der Ruhe und der ungestörten Tätigkeit

Bei der Raumaufteilung sollten Sie auch bedenken, dass jedes Kind sich nicht nur aktiv handelnd bildet, sondern auch nachspürt, wie die Dinge auf die eigene Person wirken, welche Resonanz sie in ihm hervorrufen (Schäfer, G.E.1995). In diesem Sinne bilden sich die Kinder also nicht nur in der sichtbar handelnden Auseinandersetzung mit der materiellen und sozialen Umwelt. Achten Sie darauf, dass die Kinder auch einmal mit sich allein oder mit anderen der Resonanz von Eindrücken nachlauschen können. Schaffen Sie auch Orte der Ruhe in Ihrer Kindertageseinrichtung und Bereiche, die frei sind von Störungen.

– Gibt es Flächen/Orte in den Gruppenräumen oder außerhalb, an denen Kinder bauen, gestalten oder anderen Interessen und Aktivitäten in Ruhe und ungestört nachgehen können?

– Gibt es Orte der Stille zum Träumen, Entspannen und Nachsinnen (z. B. einen eigenen Raum, Höhlen und Kuschelecken mit Vorhang versehen)?

– Gibt es auch im Außenbereich der Kindertageseinrichtung klar abgegrenzte Bereiche in denen die Kinder ungestört ihren jeweiligen Interessen nachgehen können, so zum Beispiel einen Platz ausschließlich zum Ballspielen, Tische an denen gegessen aber auch anderen Aktivitäten nachgegangen werden kann, Plätze mit Sand, auf denen keine Klettergerüste, Schaukeln oder Rutschen stehen?

Plätze für großräumige und differenzierte Bewegungen

Der Umgang mit dem eigenen Körper und den in ihm angelegten Bewegungsmöglichkeiten gehört mit zu den Bildungsthemen der Kinder. Das Ordnen von Sinneseindrücken und die Planung der Bewegungsabläufe beim Erlernen von Körpergeschicklichkeit ist ebenso wie der mechanische Ablauf einer Körperbewegung eine – wenn auch auf unterschiedlichen Ebenen der Komplexität angesiedelte – Konstruktionsleistung jedes Kindes. Wie Sie die Räume in Ihrer Kindertageseinrichtung gestalten, entscheidet mit darüber, ob die Kinder bei ihrer Bewegungsentwicklung unterstützt und herausgefordert oder behindert werden.

- Gibt es in den Gruppenräumen und Fluren breite Flächen, auf denen keine Möbelstücke stehen? Können sich die Kinder auch im Gruppenraum einmal schnell und ausgelassen bewegen?
- Ermöglicht das Freigelände den Kindern vielfältige und großräumige Bewegungen? Gibt es neben Klettergerüsten, Schaukeln, Rutschen auch größere und kleinere Schrägen, verschiedene Treppen, Hängebrücken, einen freien Platz für Ballspiele, Möglichkeiten zum Balancieren etc.?
- Stehen für die Nutzung im Bewegungsraum und im Außengelände der Einrichtung Bälle von verschiedener Größe und unterschiedlichem Gewicht, Pedalos, Sprungseile etc. zur Verfügung?
- Stehen den Kindern zur Nutzung im Außengelände Roller, Fahrräder, Rollschuhe, Skatbords etc. zur Verfügung?
- Bieten auch die Räume den Kindern Gelegenheit zur Entwicklung und Ausdifferenzierung ihrer grobmotorischen Fähigkeiten? Gibt es – je nach Konzeption der Einrichtung – entweder in den Gruppenräumen Schrägen, Treppen, verschiedene Ebenen, Schaukeln/Hängematten

etc. und / oder stehen Bänke zum Balancieren, Matratzen
für Sprungübungen, Sprossen- und / oder Kletterwände,
Schwungseile, eine Kletterwand, allgemein Bewegungs-
geräte in einem gesonderten Raumzur Verfügung?
– Steht ein Raum mit einer Musikanlage zur Verfügung,
der die Kinder einlädt sich zu Musik zu bewegen?
Liegen Musikkassetten und CD's mit klassischer,
experimenteller und zeitgenössischer Musik und Musik
aus anderen Kulturen bereit? Fordern Utensilien wie
zum Beispiel bunte Tücher, Röcke die Lust der Kinder an
tänzerischen Bewegungen heraus?

Präsentationen in den Räumen

Auch wie Sie die Wände in den Gruppenräumen und Fluren
Ihrer Kindertageseinrichtung gestalten und die Materialien
und Spielsachen präsentieren bringt zum Ausdruck, inwieweit
Sie die Kinder in ihren Selbstbildungsprozessen anerkennen
und herausfordern.

Sie machen damit auch deutlich, welchen Wert Sie selbst
den Dingen zuschreiben. Dabei sind es nicht nur die teuren
Dinge, die in diesem Sinn kostbar und wertvoll sind. Ein Stein,
den Sie auf einen ausgewählten Platz im Regal legen, zieht den
Blick auf sich, das Schneckengehäuse auf einer Spiegelfliese,
die Postkartensammlungen, die in einen Holzkarteikasten ein-
sortiert sind, machen nicht nur Lust zu schauen, anzufassen,
damit zu arbeiten, sie fordern zugleich auch zum sorgsamen
Umgang auf. Einen solchen Aufforderungscharakter hat für
die Kinder auch ein geordnetes und leicht einsehbares Angebot an Materialien und Spielzeug, das ihnen die selbstbe-
stimmte Auswahl erleichtert.

- Werden – ausgehend von Erziehungszielen der Erwachsenen (vgl. Arbeitsblatt 1) – an den Wänden in Augenhöhe
der Kinder, in Regalen, auf Konsolen moderne Kunst, Kon-
struktionszeichnungen, Landkarten, aber auch Schriftzei-
chen, Notenblätter und/oder Architekturfotos präsentiert?
- Werden Materialien, Werkzeug, Spielzeug in offenen
Regalen in Schalen, offenen Körben, Schachteln,
Setzkästen, Gläsern etc. angeboten?
- Sind die Materialien, Spielsachen und Bücher übersicht-
lich geordnet und sortiert, so dass die Kinder zur
Umsetzung ihrer Ideen und Pläne leicht die geeigneten
Dinge finden können?

Das verfügbare Material Ob sich jedes Kind in Ihrer Kindertageseinrichtung – seinen Fähigkeiten entsprechend – selbst bilden kann und seine Phantasien und Ideen, die Emotionen, die es mit einem Sachverhalt oder einem Gegenstand verbindet, umsetzen kann, ist auch abhängig davon, ob es aus einer Vielfalt von vorhandenem Material, Spielzeug und Gegenständen die Dinge auswählen kann, die nach seinem Empfinden am besten geeignet sind, seinen Vorstellungen Ausdruck zu verleihen und ob die Materialien und Dinge dem Kind die Möglichkeit bieten, komplexe Erfahrungen zu sammeln und Beschaffenheit und Zusammenhänge zu erkunden.

- Gibt es sogenanntes »wertloses« Recyclingmaterial
(Papprollen, Korken, Kisten etc.) und Naturmaterialien.
Dinge also, deren Handhabung nicht einseitig festgelegt
ist, die die Kinder in verschiedenster Weise nutzen können?
- Gibt es formlose Materialien, die den Gestaltungswillen
herausfordern und jederzeit genutzt werden können (z. B.
Sand, Wasser, Knete, angerührten Tapetenkleister, Ton)?
- Gibt es Bausteine aus Holz und Plastik in den geomet-

rischen Formen (Würfel, Zylinder, Pyramide, Kugel)?
– Haben die Kinder die Möglichkeit physikalische Grund-
  erfahrungen mit Naturelementen (Sand, Wasser, Luft,
  Feuer) zu sammeln (Wasser- und Feuertablett von
  Montessori, Matsch- und Wasserbecken in den Räumen
  der Kindertageseinrichtung, frei zugängliche
  Wasserquelle)?
– Gibt es Materialien und Einrichtungsgegenstände, an
  denen die Kinder einfache Naturgesetzmäßigkeiten
  erfahren, technische Funktionen ausprobieren und die
  Geographie unserer Erde selbst entdecken können
  und die sie zum beobachten, messen und experimentieren
  herausfordern (Waagen und Gewichte, Hebel, Flaschen-
  zug, Lupen, Mikroskop, Globus, Spiegel etc.)?
– Gibt es verschiedene Materialien und Angebote anhand derer die Kinder verschiedene Sinneserfahrungen
  machen können? Im Bereich des

• taktilen Systems (Tasten/Fühlen, Oberflächen-
  sensibilität, Fähigkeit zur Gegenstandserkennung und
  zum Spüren von Körperzuständen):
  Gegenstände, die rund, andere, die spitz und/oder kantig
  sind, deren Oberflächen glatt, rauh, stachlig sind,
  die sich kalt oder warm, weich oder hart anfühlen etc.

• olfaktorischen Systems:
  Möglichkeit, verschiedenen Gerüche und Düfte wahrzunehmen, unter anderem Gewürze, Kräutersäckchen,
  Duftgläser, Blumen, vielleicht Küchengerüche aus der
  hauseigenen Küche, ein Kräutergärtchen und
  duftende Blumen und Sträucher im Außengelände
  der Einrichtung etc.

- akustischen Systems:
Klangerfahrungen und komplexe Hörerfahrungen werden ermöglicht. Es gibt die Möglichkeit z. B. verschiedene Musikinstrumente selbst zu »spielen«, Glöckchen zum klingen zu bringen, mit dem mächtigen Klang eines Gongs zu schwingen oder in einem klassischen Orchesterstück verschiedene Klangfolgen wahrzunehmen. Musikkassetten nicht nur mit Kinderliedern, sondern auch mit klassischer Musik, mit den Werken zeitgenössischer Komponisten, mit Synthesizerklängen und mit Naturgeräuschen stehen zur Verfügung. Auch Hörerfahrungen außerhalb der Kindertageseinrichtung werden bewusst ermöglicht. Die Erzieherinnen nutzen z. B. gegebene Gelegenheiten, mit den Kindern Konzerte zu besuchen (Orgelkonzert in der Dorfkirche, Aufführungen für Kinder im Konzertsaal).

- visuellen Systems:
Farbskalen, -kreise, -plättchen, Kunstpostkarten, Kunstbände, 3-D-Brillen, eine Digitalkamera, ein Overheadprojektor, ein Lichttisch, Schattenrisse, Möglichkeiten für Schattenspiele, Röntgenbilder, Computertomographien, Fotos mit den dazugehörenden Negativen, spiegelverkehrte Bilder etc. stehen den Kindern zur Verfügung.

Gibt es eine gut sortierte Bibliothek mit Bilderbüchern zu den verschiedensten Themen (z. B. Natur: Tiere, Pflanzen, Geographie: andere Länder, der Globus, das Sonnensystem, Straßenverkehr, Technik, soziale Beziehungen: Freundschaft, Konflikte mit Erwachsenen und mit anderen Kindern, kritische Lebensereignisse: Krankenhaus, Geburt und Tod, Trennung der Eltern, Zusammenleben mit Menschen anderer Kulturen: Menschen mit verschiedenen Hautfarben, Kunst und Architektur anderer Kulturen, Religionen, Feste und Regeln verschiedener Kulturen)?

– Gibt es darüber hinaus Lexika, illustrierte Fachbücher,
  Atlanten, die nicht speziell für Kinder hergestellt wurden,
  die die Kinder in ihrem Forschungsdrang unterstützen
  und sie zur Auseinandersetzung mit bestimmten Themen
  herausfordern? Werden den Kindern in diesem Kontext
  auch Schriftzeichen anderer Kulturen zur Verfügung
  gestellt? Gibt es Tonkassetten mit Geschichten, Märchen
  und Gedichten?

– Gibt es eine Verkleidungsecke/eine Puppenecke/
  einen Kaufmannsladen etc. mit Gegenständen aus der
  Erwachsenenwelt?

– Haben die Kinder die Möglichkeit sich spielerisch
  mit den Buchstaben des Alphabets zu befassen?
  Gibt es Buchstaben zum Drucken, zum Legen? Wird die
  Bedeutung der Buchstaben für die Kinder erfahrbar gemacht, z. B. indem den Fotos der Kinder die Namenszüge
  in Druckbuchstaben beigefügt werden?

– Gibt es eine Werkbank mit Werkzeug (Scheren, Hammer,
  Säge etc.), das die älteren Kinder selbstständig auch
  außerhalb von Angeboten nutzen können?

– Stehen den Kindern sonstige funktionstüchtige
  Gebrauchsgegenstände aus der Erwachsenenwelt zur
  Verfügung, zum Beispiel Schreibmaschine, Computer?

– Wird das Angebot an Material und Spielmitteln
  variiert und/oder erweitert, in Orientierung an den
  aktuellen Spielideen der Kinder?

Erziehung als gestaltete Interaktion I
Den Kindern
Themen zumuten

Dieses Arbeitsblatt behandelt einen zentralen Bereich des Erziehungshandelns in der Kindertageseinrichtung. Auch wenn Erziehung als gestaltete Interaktion auf wenigen Seiten nicht umfassend behandelt werden kann, so geht es hier dennoch um erste Schritte zur Präzisierung eines Grundprinzips pädagogischen Handelns. An dieser Stelle gilt es insbesondere, sowohl die Zusammenhänge als auch die Unterschiede zwischen den beiden grundsätzlichen Möglichkeiten, die Interaktionen mit den Kindern zu gestalten – der Zumutung von Themen und ihre Beantwortung – herauszuarbeiten. Beide Formen sind ineinander verschränkte Bestandteile des pädagogischen Dialogs zwischen Erwachsenen und Kindern, sie gehen ineinander über, kaum dass die Interaktion begonnen wurde und doch unterscheiden sie sich in grundlegender Weise, indem sie die unaufhebbare Differenz zwischen den Generationen und ihren verschiedenen Verantwortlichkeiten repräsentieren.

Im Zuge ihrer Weltkonstruktionen formulieren die Jungen und Mädchen Fragen, die sie handelnd zu lösen suchen und in ihrem Handeln erkennt die Erzieherin die Themen, mit denen die Kinder sich befassen, in aller Regel mehrere zur gleichen Zeit. In ihrer Antwort auf die Themen der Kinder greift die Erzieherin auf kulturell verfügbare Deutungsmuster zurück und so enthält ihre Antwort ein Mehr an Information, die das Thema des Kindes über das unmittelbar Erfahrbare hinaus erweitert. Die Antwort auf die Themen der Kinder enthält also immer auch eine Zumutung, in diesem Fall die einer Erweiterung des Themas. Wenn die Dinge gut laufen, bewegt sich die Zumutung im Rahmen dessen, was Vigotsky die Zone der nächsten Entwicklung genannt und Heckhausen mit dem Begriff der optimalen Diskrepanz gemeint hat. Das heißt, die Antwort der Erzieherin bietet eine für das Kind gerade noch erreichbare Stufe des Verstehens an. Diese Art, die pädagogische Interaktion an den Themen der Kinder festzumachen, ist die hohe Kunst, die in Reggio weit entwickelt worden ist.

Allerdings werden sich – insbesondere dann, wenn noch kaum Erfahrung mit dieser Art des Vorgehens vorhanden ist – nicht immer Anknüpfungsmöglichkeiten anbieten, die es der Erzieherin erlauben, ihre Erziehungsziele mit den selbstgewählten Themen der Jungen und Mädchen sinnvoll zu verbinden. Hier hat die Zumutung von Themen ihren Sinn, was aber nur heißt, dass nun die Erzieherin ein ihr wichtiges Thema in die Interaktion mit dem Kind einfädelt, die Wahl des Themas also von ihr ausgeht, ohne dass eine entsprechende Themenwahl des Kindes vorangegangen wäre. Dieses Arbeitsblatt handelt davon, wie das geschehen kann und was vorausgehen muss. Es wird sich allerdings zeigen, dass schon im zweiten Schritt, wenn nämlich die Erzieherin die Antwort des Kindes auf ihre Zumutung wahrnimmt, sie dem Kind antworten muss wie auf eines seiner eigenen Themen. Wenn das Kind sich auf das Thema eines Erwachsenen einlässt, dann hat es sich des Themas auf seine Weise bemächtigt, hat es sich und seinen Möglichkeiten des Verstehen und Handelns anverwandelt. Auf diese Art tritt der Erzieherin das von ihr eingebrachte Thema sogleich als Thema des Kindes entgegen.

Ob eine Kindertageseinrichtung von den Kindern als eine Bildungs- und Forschungsstätte erfahren werden kann, ist eng verknüpft mit der Kompetenz der Erzieherinnen, eine Pädagogik des Themen-Erkennens und Themen-Einbringens zu entwickeln und ihr fachliches Selbstverständnis daran zu orientieren, allgemein mit der Art und Weise des Umgangs zwischen Erwachsenen und Kindern. Die von den Erzieherinnen gestaltete Umwelt (vgl. Arbeitsblätter 1 und 2) bleibt reine Äußerlichkeit, wenn die Erwachsenen die je eigenen Potenziale und Bildungswege der Kinder nicht auch im gemeinsamen Tun anerkennen.

Wie Erziehung als gestaltete Interaktion Herausforderung für das Kind sein kann, sich auf neue Themen einzulassen, wie sie eine gelungene Begegnung mit Kulturgütern und »Weltwissen« ermöglicht und individuelle Bildungsprozesse begleiten kann, darum soll es nun gehen.

Auch die Zeit vor dem Schuleintritt ist Bildungszeit. Den Kindern von Anfang an Erfahrungen und Wissensbereiche zugänglich zu machen ist Teil des Erziehungs- und Bildungsauftrags von Kindertageseinrichtungen und gehört zu den Aufgaben der Erzieherinnen.

Erziehungziele klären Damit das Erziehungshandeln, also die Gestaltung der Umwelt und der Interaktion mit dem Kind nicht der Beliebigkeit folgt und professionell begründet werden kann, ist die Verständigung der Erwachsenen über ihre Erziehungsziele ein erster grundlegender Schritt in der Umsetzung des Erziehungsauftrags von Kindertageseinrichtungen. Alle Erzieherinnen eines Teams müssen sich zunächst einmal untereinander und mit dem Träger und den Eltern der Einrichtung über die gesellschaftlichen und persönlichen Erziehungsziele verständigen und ihre je eigenen Erziehungsabsichten reflektieren. Widmen Sie sich in einem Teamgespräch folgenden Fragen:

Welche Wissens- und Erfahrungsbereiche will jede/r
von uns ganz persönlich an die Kinder herantragen? Welche
Kompetenzen brauchen Menschen unserer Meinung nach
heute und in naher Zukunft? Welcher Bedarf an Fähigkeiten
und Kenntnissen wird außerhalb unserer Kindertageseinrichtung von verschiedenen gesellschaftlichen Gruppen
formuliert[1]?
Machen Sie diese Fragen auch in Elternabenden zum
Thema. Um den Kindern Themen zumuten zu können,
müssen Sie als Erzieherinnen also zunächst einmal für sich
(gesellschaftlich legitimierbare) Themen formuliert haben.

Die Kinder mit Themen in Berührung bringen, die Ihnen als
Erzieherinnen wichtig sind, sich diesen Themen, Bildungsge-
genständen, Kulturgütern planvoll gemeinsam mit den Jungen
und Mädchen zuzuwenden, darum geht es bei der »Zumutung
von Themen«. Bleiben die Erzieherinnen dabei stehen, die
Themen aufzugreifen, die Kinder aus ihrer eigenen Erfahrungswelt mit in die Kindertageseinrichtung bringen oder die
sie dort aus eigener Kraft entwickelt haben, dann bleibt vieles
ausgespart, was Bildungsherausforderung sein und die Neugier und den Forschergeist der Kinder wecken kann. Auch
wäre die Chance vertan, den Kindern Bereiche unserer Kultur
zu eröffnen, denen sie in ihrer häuslichen Umgebung und in
ihrem Freundeskreis vielleicht nicht begegnen.

> **Die »Zu-
> mutung von
> Themen« –
> was ist damit
> gemeint?**

Bereits in der Gestaltung und Ausstattung der Räume ihrer
Kindertageseinrichtung können Erzieherinnen Themen präsentieren, die ihnen wichtig sind, und die sie deshalb auch den
Kindern nahe bringen wollen (vgl. Arbeitsblatt 2). Aber auch
im direkten Dialog mit dem Kind, im täglichen miteinander
Tun und im Gespräch sind die eigenen Themen und Sichtwei-
sen der Erwachsenen gefragt. Der Austausch zwischen Erwachsenen und Kindern bleibt lebendig, wenn die Suche nach

[1] Siehe hierzu z. B. Delphi Studie, oder Donata Elschenbroich: Das Weltwissen der Siebenjährigen.
Dort werden Themen benannt, die Ausgangspunkt einer Diskussion über Erziehungsziele der
Einrichtung sein können.

Erkenntnis ein gemeinsamer Prozess ist, in den die Erzieherinnen ihre Sicht von der Welt und ihren Zugang zum Gegenstand einbringen, ohne mit ihrer Meinung und ihrem Wissen die Kinder zu dominieren.

Darin liegt die besondere Kunst: Die Balance zu halten zwischen den Erziehungsanliegen der Erwachsenen und den Themen der Kinder. Eine Pädagogik der Zumutung von Themen, die nicht mehr auf die Antworten der Kinder achtet und deren selbstgewählte Themen nicht erkennt, müsste heute scheitern.

Der Zugang der Erzieherin zu einem Thema

Wie Sie selbst zum zugemuteten Thema stehen hat einen Einfluss darauf, ob ein Kind sich begeistern lässt oder eher gelangweilt mittut. Sind Sie selbst vom Gegenstand ergriffen, verbindet Sie eine persönliche Leidenschaft mit einem Thema, dann wird es Ihnen eher gelingen, das Kind mit dem Gegenstand ins Gespräch zu bringen, als wenn Sie einen In-halt ohne besondere Begeisterung – gleichsam als didaktische Pflichteinheit – präsentieren, weil Sie den konzeptionellen Auftrag dazu haben. Als Bindungsperson des Kindes (vgl. Arbeitsblatt 5) haben Sie mit Ihren offenen und versteckten Botschaften einen großen Einfluss auf das Kind. Die Kinder spüren, ob Sie hinter dem stehen, was Sie einbringen und thematisieren. Das heißt keineswegs, dass Sie im ausgewählten Gebiet immer Expertin sein und auf alle Fragen der Kinder eine Antwort parat haben müssen. Sie können ein Thema auch dann authentisch einbringen, wenn Sie selbst interessierte Entdeckerin sind und es Ihnen Spaß macht, sich dieses neue Gebiet zu erschließen.

– Klären Sie für sich, was Sie selbst mit einem Thema verbindet, welchen Zugang Sie zu einem Thema haben. Falls Ihnen der Gegenstand fremd ist: Haben Sie Lust, ihn sich gemeinsam mit den Kindern zu erarbeiten? Wenn Sie selbst keinen Zugang zu einem bestimmten

Thema finden, sprechen Sie in Ihrem Team darüber. Vielleicht verfügt eine/r Ihrer Kolleginnen/Kollegen über Kompetenzen in diesem Bereich und hat Interesse daran, den Kindern diesen Gegenstand nahe zu bringen.

Wenn Ihnen ein Thema wichtig ist, in Ihrem Team aber niemand über die nötigen Kenntnisse und Fähigkeiten verfügt, sprechen Sie externe Experten und Eltern an.

Ausgegangen wird von den Überlegungen der Erwachsenen einer Kindertageseinrichtung zu den persönlich und gesellschaftlich relevanten Erziehungszielen. Alle in diesem Kontext zusammengetragenen Themen, auf die sich ein Team verständigt hat, können als Herausforderungen an die Kinder der Einrichtung herangetragen werden. Welche Themen den Kindern zugemutet werden, hängt also auch von den ganz eigenen Überlegungen jeder Erzieherinnengruppe ab. Das heißt jedoch nicht, dass die Themen beliebig sind. Sie müssen vielmehr kulturell und gesellschaftlich begründbar sein und auch Nachfragen standhalten. Einige Beispielen sollen verständlich machen, welche Themen Herausforderungen für die Kinder sein können. Die ausgewählten Bildungsbereiche sollen jedoch keine Reduzierung auf bestimmte Kernthemen darstellen[2]:

Was kann ein zugemutetes Thema sein?

- Den Kindern wird regelmäßig die Möglichkeit geboten, tänzerische, kreative Ausdrucksformen zu entwickeln.
- Den Kindern werden im Wochenverlauf fest verankert Geschichten/Märchen erzählt und Reime und Gedichte vorgelesen.
- Mit den Kindern wird über die Eindrücke und Gefühle gesprochen, die ein Bild, ein Gedicht in Zuhörern hervorruft.
- Lieder werden vorgesungen und/oder gemeinsam mit den Kindern gesungen.
- Kinder und Erwachsenen musizieren gemeinsam, und die

---

2 Die Beispiele sind dem Beitrag von Beate Andres, »Und woran würde ich merken, dass…? Ausgewählte Qualitätsmerkmale der Bildungsstätte Kindertageseinrichtung und ihre Begründung«, entnommen, aus: Laewen, Hans-Joachim, Andres, Beate (Hrsg.): Bildung und Erziehung in der frühen Kindheit. Bausteine zum Bildungsauftrag von Kindertageseinrichtungen. 2002

Kinder werden an verschiedene Instrumente herangeführt.
- Das bildnerische Gestalten, Arbeiten mit Ton, Farben, Holz, Speckstein etc. wird im Rahmen von Projekten angeboten.
- Kenntnisse über Werkzeug und dessen Handhabung werden zugänglich gemacht.
- Kinder werden an die Welt der Zeichen (Buchstaben und Zahlen) herangeführt. Die Erzieher/innen konfrontieren die Kinder mit der kulturellen Sinndeutung dieser Zeichen.
- Im Elementarbereich werden regelmäßig Gesprächs- runden und Versammlungen initiiert, in denen Kinder die Erfahrung von Beteiligung machen können, ihre Ideen und Interessen einbringen können, in denen gemeinsame Entscheidungen getroffen werden.
- Mit den Kindern werden kleine »philosophische Gespräche« geführt über ihnen wichtige Lebens- und Sinnfragen und zu Forschungsfragen.
- Es finden regelmäßig (Erkundungs-)Ausflüge in die Umge- bung der Kindertageseinrichtung statt. Einkäufe, der Weg zur Kindertageseinrichtung, der Marktplatz der Stadt, Ausflüge in die Natur können zugemutete Themen sein. Zur Stärkung ihres Orientierungsvermögens werden die Kinder verschiedene Wege in die Stadt geführt »und aufgefordert von einer bestimmten Stelle an den Rückweg zu finden [3]«.
- Besuche in Museen, im Theater, von Konzerten gehören zum Angebot der Kindertageseinrichtung. Wie sieht es dort aus? Wie verhalten sich die Menschen dort? Welche Regeln gelten dort? Aber auch, welche Gedankenflüge in andere Welten eröffnen sich mir dort?
- Die einschlägigen Kenntnisse von ausländischen Eltern, anderen Experten aus fremden Kulturen werden regel- mäßig genutzt, um den Kindern und Erzieherinnen die authentische Erfahrung mit den Lebenswelten anderer Kulturen zu ermöglichen, dazu gehören auch Erfahrun- gen mit verschiedenen Essgewohnheiten und Tischsitten.

[3] Beispiel aus der Reggio-Ausstellung »Hundert Sprachen hat das Kind«.

Sie können den Kindern Themen zumuten, indem Sie von sich aus, zum Beispiel in einer Planungsrunde mit den Kindern, Ihr Thema einbringen, oder indem Sie das Thema als Projektvorschlag oder die Gestaltung eines Spiels formulieren oder das Interesse der Jungen und Mädchen durch die Bereitstellung geeigneten Materials herausfordern. Belehrung wäre in jedem Falle fehl am Platz. Gelingen kann die Zuwendung des Kindes zu einem neu von Ihnen eingebrachten Gegenstand, wenn Sie sich in Ihrem weiteren Handeln von der Antwort der Kinder auf Ihr Themenangebot leiten lassen, wenn alle am Thema Interessierten ihre Gedanken und Eindrücke äußern können und im miteinander Sprechen und Tun jedes Kind eine ihm eigene Begegnung mit dem Gegenstand erleben kann.

Wie kann im konkreten Erziehungshandeln die »Zumutung von Themen« aussehen?

Daraus folgt, dass es nicht um das rasche »Abarbeiten« eines Themenkatalogs oder Bildungskanons gehen kann. Jedes Kind braucht seine Zeit, um ein neues Thema zu durchleuchten, hin und her zu wenden, zu begreifen. Auch ist nicht jedes Thema für jedes Kind zu jedem Zeitpunkt spannend oder auch nur von Interesse. Ihre Aufgabe als Erzieherin ist es, Themen einzubringen. Ob die Kinder Ihre Angebote aufgreifen und welche Kinder sich für welche Themen interessieren, darauf haben Sie nur einen begrenzten Einfluss.

Ein Ziel vieler Erzieherinnen ist es, ausgehend von der pädagogischen Praxis in den kommunalen Kindertageseinrichtungen in Reggio Emilia, die Verschiedenartigkeit und Vielfalt der menschlichen Ausdrucksfähigkeit zu erhalten und die Ausdifferenzierung der 100 Sprachen der Kinder zu unterstützen. Aus diesem Anliegen folgt für die Zumutung von Themen, dass die Erzieherinnen die verschiedenen Sprachen der Kinder ernst nehmen, sie als gleichberechtigte Ausdrucksformen anerkennen und die Kinder nicht auf verbale Mitteilungen reduzieren. Zugleich muten sie den Kindern Erfahrun-

Ein Beispiel

gen zu, von denen sie annehmen, dass sie die kreativen Potenziale der einzelnen Kinder freilegen und zur Ausdifferenzierung ihrer nichtsprachlichen Mitteilungsformen beitragen.

Einem solchen ganzheitlichen Bildungsverständnis entsprechen zum Beispiel improvisierte Bewegungsspiele wie sie Barbora Denk in ihrem Buch »Tanz der Kinder« (2001) vorstellt. Im Bewegungsraum einer Kindertageseinrichtung zu bestimmten Zeiten in der Woche Körperausdruck, Tanz und improvisierte Bewegung zum Thema zu machen, stellt die ganzkörperliche Bildung in den Mittelpunkt und fordert die Fähigkeit der Kinder zur wortlosen Darstellung von Szenen und Geschichten, von Gefühlen und Wünschen heraus. Das Spiel der Bewegungen sprengt die Grenzen der nur kognitiven Erkenntnis und unterstützt das Kind in der ihm eigenen ganzheitlichen Erschließung der Welt.

Bereitgestellt werden von der Erzieherin der freie, große (Tanz-) Raum, einige Requisiten, die die Kinder frei auswählen und nutzen können, vielleicht Farben zum Schminken und Musikkassetten mit verschiedensten Musikstücken, die von ihr für speziell für diese Aktivität ausgewählt und zusammengestellt worden sind. Barbora Denk beschreibt, wie sie sich mit den Kindern in dieses tänzerische Spiel begibt, sich auf die Gefühle, Absichten und Ausdrucksmöglichkeiten der einzelnen Kinder einlässt, aber auch Kulturbestände, wie Musik und Pantomime als Herausforderungen in den vielsprachlichen Dialog einbringt und die Kinder bei ihren Tänzen mit ihren Erfahrungen als Künstlerin unterstützt.

»Bei unseren improvisierten Bewegungsspielen tanzen die Kinder nicht zur Musik, sondern die Musik begleitet ihren Tanz. Um die freie Bewegung und die Spiele anzuregen, halte ich Musik mit neutralem Charakter bereit, die ich passend zur Stimmung der Kinder einsetzen kann. Solche Musik soll zum Tanzen anregen, Fantasie und Gefühle befreien. Die Inhalte der Darstellung kann sie nicht bestimmen und weder einen

Tanzstil noch Motive oder Geschichten vorgeben. Es ist der Körperausdruck der Kinder, der die Musikwahl beeinflusst.

Zuerst lasse ich das Verhalten der einzelnen Kinder auf mich wirken, erst dann lege ich eine Musikkassette ein, wie ein guter Diskjockey, der spürt, welche Musik zur Stimmung im Raum passt. Zwischendurch lege ich – für jedes Kind individuell, seiner Bewegungsart, seinem Stil und seinen Ideen entsprechend – ausdrucksvollere Musik auf.« (Denk, 2001, S. 97)

»Im Laufe der Tanzstunden wächst das Gefühl der Kinder für den Aufbau von Spannung und den Höhepunkt ihrer Darstellung. Durch Musik unterstützt, entwickeln sie ihre eigenen Choreografien. Sind die Kinder noch unerfahren, beeinflusse ich ihren Tanz, indem ich die Lautstärke der Musik bei Präsentationen steigere, verringere oder die Musik abrupt stoppe…« (ebd. S. 103)

Die Beispiele machen deutlich, wie sich die Zumutungen der Erwachsenen – hier die Herausforderung, sich mit und ohne Musik zu bewegen, eigene Gefühle, Fantasien und Wünsche zu tanzen – mit den Themen der Kinder, die sich nach ihrer je eigenen Choreographie bewegen, in einem zeitlich gegebenen Rahmen verbinden können.

Ein weiteres Beispiel aus diesem Bereich bietet das von der Erwachsenen vorgeschlagene Pantomime-Spiel »Die Wand«. Dabei wird es den Kindern überlassen, wie sie mit dem Thema umgehen, welche individuellen Choreographien sie entwickeln.

»Wisst ihr was Pantomime ist?« fragte ich die Kinder. »Nein? Dann schaut mal her, hier ist eine Wand.« Zwischen den nebeneinander stehenden Kindern und mir stellte ich mit meinen Händen eine Abgrenzung dar. »Ich kann euch gar nicht mehr sehen! Wo seid ihr denn?« rief ich, klopfte an die imaginäre Wand und legte lauschend mein Ohr daran.

»Hier!« riefen die Kinder

»Wo?« fragte ich und lief an der Wand aus Luft hin und her.

»Komm rüber!« verlangten die Kinder von mir. »Das ist eine gute Idee« sagte ich und marschierte um die Ecke. Bei den Kindern angekommen tastete ich weiter. »Fühlt mal hier ist die Wand« forderte ich sie auf, und da erspielten sie mit ihren kleinen Händen das Fantasie-Bauwerk. »Seht ihr die Wand ist sehr hoch. Sie geht bis zur Decke« beschrieb ich, »und hat keine Öffnung. Wollen wir versuchen sie zu durchbrechen?« Jedes Kind begann auf seine Weise, mit der Wand zu ringen. Einige traten voller Wut dagegen. Aber das tat weh. Da brachte Jurij einen »Bohrer« und erzeugte mit seinem Mund das entsprechende Geräusch. Auch ein Schlaghammer und andere Werkzeuge wurden ausprobiert. Verzweifelt stemmten wir uns gegen die hartnäckige Wand, die es gar nicht gab, mit den Händen, mit dem Rücken, mit dem Po. Es nützte alles nichts. Plötzlich nahm Adrian Anlauf, rannte mit seinem Kopf gegen die Wand und kam durch. Ein Wunder!« (ebd. S. 82)

Die künstlerischen Kompetenzen der Erwachsenen, kulturelles Wissen über Ausdruckstanz und Tanztheater fließen ein. Den Kindern werden die Gesetze des Tanzes nahe gebracht, ohne die Kinder zu dominieren und ihre Potenziale einzuschränken oder in vorgegebene Bahnen zu lenken, wie dies beim Einstudieren vorbestimmter Rollen und festgelegter Geschichten der Fall ist.

Auf den ersten Blick sieht es so aus, als wäre dieses Beispiel ausschließlich im kreativ-künstlerischen Bereich angesiedelt und läge dem Themenbereich Mathematik- und Zahlenverständnis sehr fern. Das ist aber keineswegs so. Ein knapp sechsjähriges Mädchen aus einer der Kindertageseinrichtungen, mit denen wir während des Projekts zusammengearbeitet haben, stellte einen Zusammenhang zwischen Zählen und strukturierter Bewegung spontan her. Von einem erhöhten Standort aus bereitete sie sich auf einen Sprung auf den Boden vor. Mehrere Male nacheinander schwang sie beide Arme parallel zueinander vor und zurück und stimmte ihren ganzen

Körper auf den bevorstehenden Sprung ein, indem sie ihre Knie beugte und jede dieser Bewegungen mitzählte: »Eins, zwei, drei, vier… « bis sie dann schließlich bei »zehn« absprang. Sie demonstrierte damit einen der möglichen Wege, über die Verbindung mit Körperrhythmik zu einem zwanglosen Gebrauch von Zahlen zu gelangen.

Auch das Heranführen der Kinder an die Welt der Zeichen muss nicht ein rein kognitiver Vorgang sein, der im Sitzen stattfindet, sondern kann ganzkörperlich erfasst werden. Ute Andresen (2000) berichtet in ihrem Buch »Ausflüge in die Wirklichkeit«, wie sie mit Grundschulkindern den Buchstaben K nicht nur findet, spricht, singt und schreibt, sondern wie das K »einen Schultag lang von **K**önigen und **K**öniginnen, golden gekrönt und pompös ummantelt, herzhaft gelebt« wird (ebd. S. 56). Was spricht dagegen, dass auch Kindergartenkinder sich Buchstaben, mit deren Form sie schon lange vertraut sind (Stichwort Raumgestaltung), in dieser Weise mit ihrer ganzen Person erschließen?

Vielleicht ist es Ihnen auch schon einmal so gegangen wie der Erzieherin, die am Morgen mit dem gut durchdachten Vorhaben in die Kindertageseinrichtung kommt, den Kindern von Ihrem Besuch in einer Ausstellung zu erzählen. Sie hat einen Kunstdruck für den Gruppenraum und Postkarten mitgebracht und möchte mit den Kindern gemeinsam Karten für die Kunstkartensammlung auswählen, die sie vor einiger Zeit mit den Jungen und Mädchen angelegt hat. Aber schon als sie den Raum betritt ist ihr klar, dass die Kinder an diesem Tag von einem ganz anderen Thema fasziniert sind. Sven erzählt mit glühendem Gesicht von dem Hundebaby, das er – lang ersehnt – geschenkt bekommen, und das er mit seinen Eltern am Wochenende beim Hundezüchter abgeholt hat. In einer solchen Situation macht es wenig Sinn, das eigene Thema gegen

Ihre geplante Zumutung passt nicht zu dem Thema der Kinder

das der Kinder durchsetzen zu wollen. Absicht der Erzieherin, in dem berichteten Beispiel war es, den Kindern bildende Kunst nahe zu bringen und als eine kulturelle Ausdrucksform »zuzumuten«, sie mit der »Sprache« des Malers Paul Klee bekannt zu machen und ihre Neugier auf die Malerei zu wecken. Aber wenn die Kinder ganz offensichtlich im Augenblick von einem anderen Thema ergriffen sind, werden sie – so ist zu vermuten – allenfalls eine Fassade des Interesses aufbauen, mit ihren Gedanken aber weiter bei ihrem Thema »Hundebaby« sein und sich möglichst schnell wieder aus der von der Erzieherin geschaffenen Situation verabschieden. Ob eine solche Erfahrung dazu geschaffen wäre, die Lust der Kinder auf Kunst zu wecken, darf wohl bestritten werden.

Was ist also zu tun, wenn die Kinder, ganz erfüllt sind von einem eigenen Thema? Legen Sie Ihr geplantes Thema beiseite, es geht nicht verloren. Nehmen Sie die Kinder ernst und lassen Sie sich auf deren aktuelles Interesse ein. Auch das Thema »Hundebaby«, das Sven mitgebracht hat, kann ein Thema von allen werden, zu dem Erzieherin und Kinder ihre Erfahrungen, Fragen, Gefühle, eigene Beziehungen zu Tieren einbringen.

Wenn Sie als Erzieherin ein neues Thema einbringen, können Sie nicht wissen, wie die Kinder damit umgehen werden. Deshalb ist es auch nicht sinnvoll im Voraus einen Ablaufplan zu erstellen und Festgelegtes gleichsam »abzufragen«. Es geht vielmehr darum, dass Sie einen Rahmen schaffen, in dem sich jedes interessierte Kind, das Thema auf seine Art und Weise aneignen kann. Lassen Sie das Kind seine eigene Beziehung zum Thema finden und achten Sie auf die Antworten die es auf Ihr Thema findet Drängen Sie dem Kind nicht Ihre eigene Sicht auf. Haben Sie Achtung vor den Gefühlen und Gedanken jedes Kindes und für die Wege und Umwege, die es im Umgang mit dem Thema geht.

Die Art der Zumutung von Themen, von der hier die Rede ist, unterscheidet sich von der Vorgehensweise in Kindergärten des veralteten Typs dadurch, dass die Themen zwar durch die Erzieherin eingeführt werden, aber nicht von den Kindern erwartet wird, dass sie sich damit in einer vorgegebenen Weise beschäftigen. Eher wird eine Bühne bereitgestellt, auf der die Jungen und Mädchen – so wie am Beispiel von Tanz und Pantomime beschrieben – ihre Antwort auf dieses Thema und ihr weiteres Umgehen damit formulieren können. Diese Vorgehensweise lässt sich bei nahezu allen Themen anwenden und kann als eine durchaus empfehlenswerte Form von Gestaltung der Interaktion mit den Kindern angesehen werden. An einem abschließenden Beispiel zum Thema Sprache soll das Prinzip noch einmal demonstriert werden.

Das Prinzip der Zumutung

Dabei geht es darum, ein »Storyboard«, wie es in den Film- und Fernsehproduktionen – wenn auch in anderer Form – eingesetzt wird, dafür zu nutzen, um das Erzählen von Geschichten durch die Kinder anzuregen. Ein Storyboard (wörtlich übersetzt: ein Geschichtenbrett) kann aus Pappmaché oder einem anderen geeigneten Material hergestellt oder auch einfach auf einen größeren Bogen Papier aufgemalt werden. Es hat die Gestalt einer Landschaft mit Wiesen (grün angemalt) Seen und Flüssen (blau angemalt), mit Bergen, Höhlen, vergrabenen Schätzen, Dinosauriern, Schlangen und was sonst noch alles zu einer guten Geschichte gehören kann. In dieser Landschaft können von den Kindern menschliche Figuren bewegt werden, die in der jeweiligen Geschichte mitspielen.

Die Erzieherin erklärt zu Beginn die Funktion des Geschichtenbretts und kann selbst eine Geschichte erzählen, indem sie zugleich die Figuren in entsprechender Weise zu den Orten des Geschehens bewegt. Sie fordert die Kinder auf, sich selbst Geschichten zu überlegen, die sie auf dem Brett darstellen wollen, entweder allein oder in einer kleinen Gruppe. Die Kinder sollten Zeit haben, sich mit dem Geschichtenbrett und seinen

Figuren vertraut zu machen, bevor das Spiel beginnt. Die einzige Regel dabei ist, dass die Jungen und Mädchen ihre Sprache benutzen müssen, um ihre Geschichte nicht nur darzustellen, sondern eben auch zu erzählen. Wenn eine Videokamera (oder ein kleines Tonaufnahmegerät) zur Verfügung steht, können die Geschichten aufgezeichnet werden und so zugleich sowohl einer späteren Identifizierung von nicht so offensichtlichen Themen der Kinder dienen als auch als attraktive Grundlage für die Elterninformation.

Während die Geschichte erzählt wird, hält sich die Erzieherin zurück. Sie zeigt Interesse an dem Fortgang der Geschichte durch Blickkontakt und bestätigende Gesten, greift aber nicht ein. Wenn die Geschichte ins Stocken gerät oder ein Kind offensichtliche Schwierigkeiten hat, sie in Worten zu formulieren, kann sie durch Fragen helfen: »Was tut die Schlange gerade?«, oder »Und was geschieht dann?«. Es kommt dabei – mit Blick auf das Ziel, das Kind zum Gebrauch seiner Sprache anzuregen – nicht darauf an, welches Thema das Kind für seine Geschichte wählt, sondern dass es seine Sprache benutzt, um seine Handlungen auf dem Geschichtenbrett zu kommentieren.[4] Das Storyboard bietet die Gelegenheit zur Erzählung und eine Form an, die das Kind nutzen kann. Hört die Erzieherin aufmerksam zu, hat sie einen Anfang für ein Sprachförderprogramm der anderen Art gesetzt: die Zumutung von freiem und dennoch – durch die Geschichte – strukturiertem Sprechen ohne Sprachunterricht.

---

[4] Das kann bedeuten, dass auch Geschichten über und aus Fernseh-Comics zur Darstellung kommen, deren Wert für die Bildung der Kinder durchaus im Zweifel stehen können. Aber sobald das Kind sie wählt, hat es ein eigenes Thema daraus gemacht und muss darin ernstgenommen werden. Eine spätere Analyse kann Aufschlüsse dazu bringen, welche Themen das Kind tatsächlich bearbeitet hat.

Arbeitsblatt 4

Erziehung als gestaltete Interaktion II
Die Themen der Kinder beantworten

Die Themen der Kinder können Entwicklungsthemen sein, wie zum Beispiel »Laufen lernen« und »Bewegungskoordination«. Sie können im sozialen Miteinander entstehen – »Gerechtigkeit« und »Freundschaft« sind solche Themen – oder sich im Umgang mit Material und unbelebter Umgebung herausbilden. Themen können von den Kindern aus ihrer familialen Erfahrungswelt mitgebracht werden oder sich aus ihren Aktivitäten in der Kindertageseinrichtung entwickeln.

Die Aufgabe der Erzieherin besteht darin, die Themen der Kinder auf der Grundlage ihrer Beobachtungen und im fachlichen Austausch mit ihren Kolleginnen (siehe Arbeitsblatt 7) zu erkennen, aufzugreifen und sich mit den Kindern in einen Dialog zu begeben. Ein Dialog kann aus einer kurzen Interaktion bestehen, sich über eine Tagesaktion erstrecken oder in ein längerfristiges Projekt münden. Immer geht es für die Erzieherin darum, sich auf die (Bildungs-) Themen der Kinder einzulassen und es auch zu ihrem (Erziehungs-)Thema zu machen.

Was unter-
scheidet die
Beantwortung
der Themen
der Kinder von
der Zumutung
von Themen?
Erziehung als gestaltete Interaktion folgt, wenn sie die Selbst-bildung der Kinder, ihre Wege und Umwege beim Erforschen der Welt ernst nimmt, dem Prinzip des Dialogs. Im gemeinsamen Tun und den Gesprächen zwischen Erzieherin und Kind(ern) ist dann ebenso Raum für die Erziehungsziele der Erwachsenen wie für die Themen der Kinder.

Ob die Erzieherin den Anfangspunkt einer Interaktion setzt, indem sie den Kindern ein Thema zumutet (vgl. Arbeitsblatt 3) oder ob sie ein Thema der Kinder aufgreift und beantwortet: Sie sollte immer auf die Antworten und Reaktionen der Kinder achten, sie anerkennen und sich in ihrem weiteren Tun, ihren weiteren Überlegungen darauf beziehen. Es kann also nicht darum gehen, entweder einen vorgefertigten Ablaufplan um-zusetzen oder nur auf ein Stichwort der Kinder zu warten, um wieder in ein vorbereitetes Thema einschwenken zu können. Eine von Erzieherin und Kind(ern) gemeinsam begonnene Aktion oder ein Gespräch wird im weiteren Verlauf immer von Erzieherin und Kind(ern) gleichermaßen mitgestaltet.

Der Unterschied zwischen der »Zumutung von Themen« und der »Beantwortung von Themen der Kinder« liegt also nicht so sehr im Verlauf der pädagogischen Interaktion, son-dern in der Themenwahl und Themenvorgabe. Werden im ei-nen Fall die Themen der Erwachsenen, gesellschaftlich be-deutsame Inhalte und kulturelle Anliegen, eingebracht, sind es im anderen Fall die Themen der Kinder, die Ausgangspunkt des weiteren gemeinsamen Tuns von Erzieherin und Kin-d(ern) sind.

Kinder
bringen ihre
Themen in
den Dialog ein
Die Kinder teilen ihre Themen in ihrem Tun, zum Beispiel ihrem Spiel oder ihrem kreativen Gestalten mit. Ältere Kinder bringen ihre Themen auch in die Gespräche mit der Erzieherin ein oder benennen ihre Ideen und Wünsche in einer Versamm-lung der Kindergartengruppe. Bei älteren Kindern kann ein

erster Schritt in den Dialog hinein die Wiederholung dessen, was das Kind gesagt oder zu verstehen gegeben hat, durch die Erzieherin sein. Bereits wenn die Erzieherin das Thema eines Kindes – so wie sie es verstanden hat – benennt oder seine Idee mit ihren eigenen Worten wiederholt, sammelt das Kind die Erfahrung, mit seinen Themen anerkannt zu werden. Mit der einfachen Form der Beantwortung macht die Erzieherin das Thema des Kindes zum Gegenstand der gemeinsamen Interaktion. Sie nimmt Bezug auf etwas, was dem Kind wichtig ist und lässt dem Thema damit zugleich eine Bedeutung zukommen, die über die individuelle hinausreicht. Stellt die Erzieherin im Gespräch Fragen, die im Zusammenhang mit dem Thema des Kindes stehen, so transportiert sie damit kulturelle Deutungen, indem sie bestimmte Aspekte hervorhebt und andere vernachlässigt.

Auch in eine gemeinsame Aktion, die von den Erkenntnis- und Handlungsinteressen der Kinder ausgeht, bringt die Erzieherin also ihr Weltverständnis ein und fließen Themen ein, die den Erwachsenen wichtig sind und die insofern – unvermeidliche – Zumutungen der Erwachsenen sind.

Die Schwierigkeit für die Erzieherin besteht jedoch häufig darin, dass sie die Zusammenhänge nicht kennt, aus denen heraus das Kind sein Thema entwickelt hat. Das heißt aber, dass Themen, die von Kindern auf ihre eigenartige Weise formuliert werden, in aller Regel interpretiert werden müssen. Je jünger die Kinder sind, umso häufiger ist das der Fall.

Wenn beispielsweise ein einjähriges Mädchen aus einer Anzahl von verschiedenen kleineren Gegenständen Wäscheklammern auswählt und in einen Behälter fallen lässt und dies mit großer Beharrlichkeit und Ausdauer tut, dann gehört einige Kenntnis über typische Entwicklungsaufgaben dazu, um die Bedeutung des Themas »Wäscheklammern auswählen und in einen Behälter tun« erschließen zu können. Zu diesen typischen Entwicklungsaufgaben gehört es, das Kinder Glei-

142

ches von Ungleichem unterscheiden lernen. Die hölzernen Wäscheklammern stellen in dieser Hinsicht gleiche Gegenstände dar, die als solche von dem Kind identifiziert und von den anderen Dingen (kleine Bausteine, verschiedene Formteile aus Plastik etc.) unterschieden werden. Und wenn es schließlich eine etwas größere und andersfarbige Wäscheklammer aus Plastik entdeckt, diese aufnimmt, längere Zeit betrachtet und zu den hölzernen Klammern im Behälter tut, dann kann man vermuten, dass das Mädchen nicht nur mit Gleichheitskonzepten umgeht, sondern auch Konzepte der Ähnlichkeit mit in seine Thematik einbezieht. Eine Erzieherin, die das Verhalten des Kindes so interpretiert, kann ihm auf sein Thema u.a. dadurch antworten, dass sie weitere Wäscheklammern unterschiedlicher Form und Farbe ins Spiel bringt und schaut, wie das Kind darauf reagiert. Sie könnte, wenn das Mädchen seinerseits ihre Antwort aufgreift, in der folgenden Zeit den Dialog mit ihm über die Themen Gleichheit, Ungleichheit und Ähnlichkeit in verschiedenen Variationen durch entsprechende Materialangebote weiterführen.

Aber auch die Themen der älteren Kinder sind keineswegs immer leicht zu erkennen. Ein Beispiel mag das illustrieren.[1] Ein knapp sechsjähriger Junge rennt durch die Räume der Einrichtung und schießt mit lauten »Peng«-Rufen aus einer imaginären Waffe. Er lässt sich kaum davon abbringen, und die Erzieherin vereinbart ein Gespräch mit ihm, um sein Verhalten deuten zu können. In diesem Gespräch erzählt der Junge eine Geschichte über einen Mann, der einsam wohne und etwas schützen müsse. Dafür benötige er die Waffe. Was da vor wem geschützt werden soll, bleibt zunächst unklar und gewinnt Konturen erst in weiteren Sitzungen, in denen schließlich von angstmachenden Monstern die Rede ist. Auf Drängen und mit Unterstützung der Erzieherin versucht das Kind, diese Monster zu malen, was nach einigen Schwierigkeiten auch gelingt. Es entstehen drei auch für fremde Augen eindrucksvolle Mon-

[1] Das Beispiel verdanken wir Ursula Stenger, die es in ausführlicher Interpretation auf einer Fachtagung in Hamburg am 30.6.2000 vorgestellt hat.

sterbilder, die nun an der Wand der Kindertagesstätte hängen und wirklich ein bisschen Angst machen. Das Thema, um das es hier ging, hat offensichtlich etwas mit Ängsten zu tun, die das Kind im Gespräch mit der Erzieherin und über seine Malerei nun besser formulieren konnte, als es ihm selbst zunächst gelungen ist. Auch wenn die eigentliche Ursache seiner Angst nicht gefunden werden konnte wurde das Thema des Kindes im Dialog aufgeklärt und fand eine befriedigende Lösung.

Wie wir gesehen haben, bleibt Pädagogik hinter ihren Möglichkeiten und Notwendigkeiten zurück, wenn sie auf der einen Seite bloß Erziehungsziele durchsetzen will oder aber – andererseits – bloß Verhalten der Kinder zur Kenntnis nimmt, ohne es auf seine Themen hin zu interpretieren und in den pädagogischen Dialog einzubeziehen. Wie diese Balance von Bildung und Erziehung gelingen kann, zeigen wiederum Beispiele aus Reggio, wo der Verknüpfung von Themen der Kinder und legitimen Absichten der Erwachsenen seit Beginn große Aufmerksamkeit geschenkt wird.

Themen erkennen und Themen einbringen im Dialog zwischen Erzieherin und Kind

So spielen zum Beispiel für die Pädagoginnen in den kommunalen Kindereinrichtungen in Reggio die Themen Licht und Farbe eine zentrale Rolle. Sie nehmen an, »dass sie so wichtig für das seelische und körperliche Glück und die Erforschung der Umwelt sind, dass kein Kind sie versäumen sollte« (Sommer, 1999 S. 50). Entsprechend werden diese Themen von den Erwachsenen auch in Projekte eingebracht, die auf den Themen der Kinder basieren.

Ähnliches gilt für das Erkunden der Materialien. Jedes Material hat sein eigenes Alphabet, sagen die Reggianer. Erst wenn ein Kind den Eigensinn der verschiedenen Materialien erfahren hat, ihre Konsistenz, ihre Struktur, ihre Widerspenstigkeit, wenn es ausprobiert hat, wie sich diese Materialien manipulieren lassen, was man damit tun kann und was nicht, kann es sie gezielt einsetzen, beim Bauen, kreativen Gestalten, Konstruieren (vgl. Kathke, 2001). Zugleich hat die Vielfalt der Materialien, die dem Kind für seine Erkundungen und Manipulationen zur Verfügung gestellt werden, eine Auswirkung auf seine Ausdrucksmöglichkeiten. Dem Kind die verschiedensten Materialien zugänglich zu machen, die Aufmerksamkeit der Kinder auf die Eigenart der einzelnen Materialien zu lenken, ergibt sich als Aufgabe der Erzieherinnen aus der Bedeutung, die dem Thema Materialerkundung vom Team einer Kindertageseinrichtung beigemessen wird.

Zwei Beispiele zum Thema »Materialerkundung«

Ein Junge will ein Boot bauen. Er wählt als Material für die Umsetzung seiner Idee Ton. Während des Bauens berichtet er sehr differenziert darüber, wie das Boot aussehen soll. Das Material, das er gewählt hat, sperrt sich jedoch gegen die Realisierung der Ideen. Der Junge kann das innere Bild, das er von seinem Boot hat und das er verbal mitteilt nicht gestalterisch umsetzen. Die Erzieherin weist ihn auf die vielfältigen anderen Materialien in den Regalen der Werkstatt hin und fordert ihn auf, sich andere Materialien zu holen, mit denen er seine Ideen vielleicht besser realisieren kann. Mit Fragen, die sie dem Jungen stellt, fordert sie das Nachdenken, Auswählen und Ausprobieren des Jungen heraus. »Wie sieht das Segel aus? Wie sieht es aus, wenn der Wind heftig bläst? Wie sieht es aus bei einer Flaute? Welches Material ist deiner Meinung nach das richtige für ein Segel, wie du es dir vorstellst?« Mit ihren Fragen bleibt sie bei den Themen des Jungen: er will ein Boot darstellen und er hat Schwierigkeiten seine Vorstellungen mit Ton Gestalt annehmen zu lassen. Zugleich mutet sie dem Jungen zu, sich nicht mit seiner ersten Materialwahl zufrieden zu geben. Sie fordert ihn heraus, aus einer Vielzahl von unterschiedlichsten Materialien, die herauszusuchen, die für das, was er mitteilen will, am besten geeignet sind.[2]

. . . .

[2] Das erste Beispiel basiert auf einem Bericht aus einem Kindergarten in Reggio Emilia. Studienwoche in Reggio 1997, Arbeitsgruppe: Erfahrung mit Material, persönliche Notizen.

Auch während eines Projekts, in dem die Kinder ihre Idee umsetzen, eine Windmaschine zu bauen, werden die Kinder aufgefordert über die verschiedenen Materialien, ihre Eigenschaf-
ten und Möglichkeiten nachzudenken:

*Simone fragt den Künstler nach einem Stück Papier in einer
anderen Farbe. Giovanni gibt ihr das Papier und fragt das
Mädchen: »Gleichen sich die beiden Papierstücke, ich meine
dieses hier und das, das ich dir vorhin gegeben habe?« Simone
befühlt das Papier. »Dieses kratzt, dieses nicht.« Giovanni
(das Papier reibend) »Und dieses macht dieses Geräusch…
was ist mit dem anderen? Sind sie unterschiedlich?« »Ja.«
Giovanni beharrlich »Wenn du dieses hier ziehst, wird es länger.« »Und dieses, wird das auch länger?« »Nein.«… (Rabitti,
1994)*

Erziehung als gestaltete Interaktion bleibt auch als Antwort
auf die Themen der Kinder nicht bei der Begleitung der Kinder
stehen. Vielmehr ist es auch hier die Aufgabe der Erzieherin,
die Kinder herauszufordern, ihre Fähigkeiten und Kenntnisse
zu nutzen und weiter auszudifferenzieren.

Brigitte Sommer (1999) berichtet von einem Projekt, das sich **Der indivi-**
aus folgender Beobachtung entwickelt: Die Kinder pflegen **duellen**
ihre Beziehungen dadurch, dass sie sich Dinge borgen und **Erfahrung**
schenken. Wie lässt sich dieses Thema der Jungen und Mäd- **einen**
chen, dem man den Titel »Freundschaften pflegen« geben **kulturellen**
könnte, von den Erwachsenen aufgreifen und beantworten? **Sinn geben**
Lässt es sich mit dem Anliegen der Erwachsenen verbinden,
den Kindern wichtige Bereiche unserer Kultur nahe zu bringen?

Erzieherinnen in Reggio haben die beobachtete »Bezie-
hungspflege« aufgegriffen und beantwortet, indem sie für jedes Kind einen kleinen persönlichen Briefkasten eingerichtet
haben. Damit nun die Kinder für ihre Geschenke und Briefe

auch den Briefkasten ihres Freundes/ihrer Freundin finden, wurde jeder Briefkasten mit dem Bild des Besitzers/der Besitzerin versehen. Als Antwort auf die Themen der Kinder und für die Orientierung der Jungen und Mädchen würde diese Kennzeichnung vollkommen ausreichen. Die Erzieherinnen blieben jedoch nicht bei dieser kindertümelnden Orientierungshilfe stehen. Unter den Fotos wurden alle Briefkästen auch noch mit dem Namen des jeweiligen Jungen/Mädchens versehen, gut leserlich in Druckbuchstaben.

Diese Verknüpfung des Themas der Kinder mit der Welt der Zeichen zeigt die mögliche Verbindung zwischen den Interessen der Kinder und denen der Erwachsenen im pädagogischen Dialog. Dass Kinder die von den Erwachsenen gesetzten Herausforderungen aufgreifen und weiterentwickeln, zeigt die Fortsetzung der begonnenen Geschichte.

»Neben dem Tauschen, Leihen, Borgen von Gegenständen entwickelten die Kinder auch abstraktere Formen, indem sie begannen, Informationen und Nachrichten auszutauschen. Sie machten sich mit Schriftzeichen vertraut und verfassten Briefe. Die Familien wurden in den Adressaten- und Absenderkreis einbezogen. Schließlich hatten die Kinder die Idee, eine Zeitung herzustellen und an die Eltern zu verkaufen. Und das gelang ihnen auch.« (Sommer, S. 56)

Kinder wollen mit der Welt kommunizieren, auch das zeigt dieses Projekt. Die Erzieherinnen können dieses Mitteilungsbedürfnis der Kinder aufgreifen und ihm einen kulturellen Sinn verleihen, indem sie den Kindern die kulturelle Bedeutungen von Zeichen nahe bringen und Formen der Nachrichtenvermittlung in die tägliche Interaktion der Kindertageseinrichtung integrieren.

Weitere Beispiele dafür, auf welch differenzierte Weise Kinder auch untereinander ihre Themen bearbeiten und oft zugleich auch ihre Beziehungen zueinander aushandeln, bieten Buch und Videofilm aus dem Projekt des Deutschen Jugendinstituts »Konfliktverhalten von Kindern in Kindertagesstätten«, die soeben erschienen sind (Dittrich et al. 2001).

»Ich muss jetzt ganz tief nachdenken...«
Wie Julie braucht jedes Kind Denk-Pausen und Rückzugsräume, um neue Erfahrungen in Ruhe sichten und das eigene Weltbild ordnen zu können.

Die frühen Bindungen
Grundlagen, Konsequenzen und
Kontexte

Wer regelmäßig Gelegenheit hat, mit Kindern in den ersten Lebensjahren umzugehen, kann leicht beobachten, dass die Kinder zu einigen wenigen Erwachsenen aus ihrer Umgebung besonders enge Beziehungen unterhalten. Wenn sie mit ihnen zusammenleben gehören natürlich die Eltern der Kinder dazu, aber auch entferntere Familienmitglieder oder andere Personen, mit denen die Kinder häufig Kontakt haben, können eine solche Rolle übernehmen. Für die meisten Menschen ist dieser Sachverhalt so selbstverständlich, dass sie darüber kaum nachdenken werden und dies dem natürlichen Lauf der Dinge zuschreiben. Allenfalls schütteln wir den Kopf, wenn Kinder eine solche enge Beziehung fast um jeden Preis auch gegenüber Eltern aufrechterhalten wollen, von denen sie schlecht behandelt oder gar missbraucht werden. Die Mitarbeiter/innen der sozialen Dienste kennen solche Situationen nur zu gut.

Seit einigen Jahrzehnten befasst sich auch die empirische Forschung mit diesen besonderen Beziehungen und so kommt es, dass wir heute mehr darüber sagen können, als den meisten Eltern und Erzieherinnen für gewöhnlich bewusst ist. Da dieses Phänomen aus verschiedenen wissenschaftlichen Perspektiven heraus untersucht worden ist, gibt es mehrere Beschreibungen und unterschiedliche Erklärungsansätze, die aber zumindest darin übereinstimmen, dass wir es hier mit einer genetisch verankerten Disposition zu tun haben, die es Kindern gleich nach der Geburt ermöglicht, mit dem Aufbau solcher Beziehungen zu beginnen. Es hängt von den Umweltbedingungen ab, genauer von der Art und Weise, wie die Menschen, mit denen es das Kind zu tun hat, mit ihm umgehen, ob diese besondere Beziehung von guter oder eher bedenklicher Qualität sein wird. Wir haben uns daran gewöhnt, diese besonderen Beziehungen Bindungen zu nennen.

Unabhängig von der Qualität dieser Beziehungen – wir sprechen in grober Einteilung von sicheren und unsicheren Bindungen – ist allein schon ihre Existenz für das Kind von größter Bedeutung. Die Forschungsarbeiten des Schweizer Psychologen René Spitz in den 40er Jahren des 20. Jahrhunderts haben mit ihren schrecklichen Ergebnissen ein grelles Licht darauf geworfen, welche Beschädigungen in ihrer Entwicklung bis hin zu einer dramatisch erhöhten Sterblichkeitsrate Kinder erleiden, wenn sie unter ungünstigen Bedingungen derartige Bindungen nicht aufbauen können. Der Begriff Hospitalismus ist in diesem Zusammenhang geprägt worden.

Die Ergebnisse dieser Untersuchungen waren auch der Anlass dafür, dass einige Jahre später der britische Psychologe John Bowlby im Auftrag der Weltgesundheitsorganisation einen Bericht verfasste, der die damals vorliegenden Erkenntnisse zu den Zusammenhängen solcher Entwicklungsschäden bei den Kindern und frühen Heimaufenthalten zusammenfasste. Bowlby, den das Thema der frühen Bindungen der Kinder nicht mehr losließ – er begründete die so genannte ethologische Bindungstheorie, die bis heute in der internationalen empirischen Forschung eine große Rolle spielt – vertrat die Auffassung, dass insbesondere die Bindung der Kinder an ihre Mütter – oder eine mütterliche Ersatzperson – von höchster Bedeutung sei und durch keine andere Beziehung ersetzt werden könne. Inzwischen weisen die Forschungsergebnisse eher darauf hin, dass Kinder zu mehreren Personen Bindungen aufbauen und sich auf diese auch stützen können. Allerdings sind die Mütter in unserer Kultur in der Regel die wichtigsten Bindungspersonen für die Kinder.

Eine in der Bundesrepublik Deutschland 1995 veröffentlichte Studie zeigt, dass unsichere Bindungen an die Mütter im frühen Alter in allen Lebensgeschichten der von dem Forschungsteam untersuchten Jugendlichen zu finden waren, die zu Gewalt und rechtsradikalen Einstellungen neigten (Hopf et al. 1995). Man kann daraus schließen, dass diese Art von Bindungen möglicherweise eine notwendige Voraussetzung für das Entstehen solcher Tendenzen bei Jugendlichen sein kann, wenn sie für sich allein genommen auch nicht ausreichen dürfte, um diese Folgen zu haben. Diese Studie enthält auch Hinweise darauf, dass die Möglichkeit, in der frühen Kindheit zu wenigstens einem anderen Erwachsenen eine sichere Bindung aufbauen zu können, eine solche Entwicklung verhindern kann.

Von besonderem Interesse ist hier für uns, dass auch Erzieherinnen nach einiger Zeit zu diesem vom Kind bevorzugten Personenkreis gehören, anders ausgedrückt, die Kinder bauen auch zu ihnen solche Bindungen auf, und es hängt für sie möglicherweise viel davon ab, ob dies eine sichere oder eine unsicher Bindung sein wird. Je jünger die Kinder sind – also besonders bei den ein- und zweijährigen Kindern – , umso deutlicher sind die Anzeichen für den Bindungsaufbau bei den Kindern zu beobachten: Sie zeigen nach einiger Zeit so genanntes Bindungsverhalten gegenüber »ihrer« Erzieherin. Sie protestieren häufig, wenn sie den Raum verlassen will und versuchen oft, das zu verhindern. Wenn sie irritiert sind – z. B. beim Eintreten unvorhergesehener Ereignisse, wenn fremde Personen den Raum betreten oder wenn sie sich wehgetan haben – dann suchen die Kinder in der Regel die Nähe zu »ihrer« Erzieherin und lassen sich dann häufig von niemandem sonst beruhigen oder trösten. Sie suchen auch in ruhigen Situationen von Zeit zu Zeit Blickkontakt zu ihr, aber wenn es irgendwie ernst wird, nähern sie sich ihr notfalls bis in den engen Körperkontakt, wollen aufgenommen werden und sinken dann oft mit dem Kopf in die Halsbeuge der Erzieherin ein. Sie folgen »ihrer« Erzieherin nach, wenn sie versucht, den Raum zu verlassen, klammern sich an oder weinen, wenn sie es trotzdem tut.

Manche Kinder zeigen jedoch ihre Beziehung zu »ihrer« Erzieherin nicht so deutlich und offen. Sie versuchen vielleicht, mit einer Irritation zunächst selbst fertig zu werden, benutzen Schmusetücher, Nuckelflaschen oder ähnliche Übergangsobjekte, um sich wieder zu stabilisieren, aber nicht selten können dann versteckte Kontaktversuche beobachtet werden. Dazu gehören Annäherungen an die Erzieherin mit abgewandtem Gesicht, wie zufällig wirkende kurze Körperkontakte oder ein fast unmerkliches kurzes Anschmiegen.

Was bedeuten diese Beziehungen für die Kinder und welche Folgerungen ergeben sich daraus für die Arbeit in einer Kindertageseinrichtung?

Nun, Kindern in den ersten Lebensjahren fällt es sehr schwer – in den ersten beiden Lebensjahren ist es für sie fast unmöglich – ohne die Anwesenheit einer Bindungsperson mit solchen Irritationen, wie wir sie oben kurz benannt haben, umzugehen und allein damit fertig zu werden. Alle Kinder in den ersten Lebensjahren sind überfordert, wenn sie die vielfältigen Situationen in einer Kindertagesstätte, so interessant sie für die Kinder auch sein mögen, ohne den Schutz und die Nähe einer Bindungsperson bewältigen sollten. Sie benötigen den Zugriff auf eine solche Person, wenn ihnen die Dinge aus der Kontrolle geraten, um sich wieder beruhigen zu können und die Kontrolle über sich selbst und die Situation zurückzugewinnen. Man könnte sagen, sie »benutzen« ihre Bindungspersonen, um sich wieder ins Gleichgewicht zu bringen und sie orientieren sich an ihrer Gestik und Mimik, um eine unbekannte Situation auf mögliche Gefahren hin beurteilen zu können. Wirkt die Bindungsperson nicht beunruhigt, gehen auch die Kinder unbefangen mit der Lage um.

Nun hatten wir gesagt, dass auch Erzieherinnen durchaus diese Funktionen für die Kinder während ihres Aufenthalts in der Tageseinrichtung übernehmen können. Aber – und das leitet uns zu der ersten wichtigen Konsequenz für die Arbeit – sie können es nicht von Anfang an.

Die Kinder benötigen einige Zeit, um eine solche Beziehung zur Erzieherin aufbauen zu können und sie können dies nicht zu beliebig vielen Erzieherinnen tun.

Daraus folgt, dass die Kinder zunächst nur in Begleitung einer Person, zu der eine Bindung bereits existiert, die Einrichtung besuchen und es dort zunächst wenn irgend möglich nur mit einer Erzieherin zu tun haben sollten. Dies betrifft die Gestaltung der Eingewöhnungszeit der Kinder und greift ggf. tief in die Dienstpläne und Urlaubsregelungen der Einrichtung ein.

Für Kinder unter drei Jahren, die in Kindertageseinrichtungen aufgenommen werden, existiert seit mehr als zehn Jahren ein Eingewöhnungsmodell, das sich inzwischen in vielen Einrichtungen bewährt und zu einem deutlichen Abbau von Stress geführt hat – sowohl für Erzieherinnen als auch insbesondere für Kinder. Ausführliches Informationsmaterial dazu findet sich in der Literaturliste. Im Folgenden sind im Überblick die wichtigsten Stichworte zusammengestellt.

Die Gestaltung der Eingewöhnungsphase für die jüngeren Kinder (0–3-jährige)

Was geschieht, wenn in der für das Kind am Anfang fremden Umgebung »Kindertageseinrichtung« keine Bindungsperson anwesend ist? Eine solche Situation wirkt insbesondere auf Kinder im Krippenalter außerordentlich belastend. Das Kind wird dann zwar häufig mit aller Kraft versuchen, sich selbst im Gleichgewicht zu halten, was in der Mehrzahl der Fälle jedoch fehlschlagen wird. Es wird früher oder später die Kontrolle über sich und seine Umwelt verlieren und in Panik geraten.

Wird das Kind während seiner ersten Tage nicht von einem Elternteil oder einer anderen Bindungsperson begleitet, so geschieht das häufig schon beim Weggang von Vater oder Mutter.

Als Folge können Perioden lang andauernden Weinens oder der Verstörung auftreten, die sich über Tage hinziehen und von der dem Kind noch fremden Erzieherin kaum beeinflusst werden können. Die Mehrzahl der Kinder, die ihre ersten Tage in der Krippe unbegleitet verbringen müssen, reagiert so oder ähnlich. Die Erzieherin ist für sie noch eine Fremde und kann ihnen deshalb nicht als sichere Basis dienen. Die noch unbekannte Umgebung löst bei den Kindern Bindungsverhalten aus, das durch die Erzieherin nicht aufgefangen werden kann.

Nun zeigt aber die Erfahrung, dass nach einigen Wochen die meisten Kinder »eingewöhnt« sind, unabhängig davon, ob sie einen leichten oder schweren Start hatten. Ganz offensichtlich sind also die Kinder auch ohne Begleitung durch die Eltern in der Lage, sich an die neue Umgebung anzupassen. Sie zahlen allerdings für diese Anstrengung vermutlich einen hohen Preis. Eine in Berlin durchgeführte Studie gibt Anlass zu der Annahme, dass die einer solchen Überforderung ausgesetzten Kinder mit erhöhten Erkrankungsraten, Entwicklungsverzögerungen und Irritationen der Bindungen an die Mütter reagieren. Dass die Folgen für die Kinder nicht noch schwerer sind liegt vermutlich daran, dass Kinder in solchen Notsituationen innerhalb von drei oder vier Tagen eine Beziehung zur Erzieherin aufbauen können, die einer Bindungsbeziehung zumindest sehr ähnlich ist. Frühestens von diesem Zeitpunkt an kann die Erzieherin die Funktion einer »sicheren Basis« für das Kind übernehmen.

Allerdings hat diese Beziehung dann zunächst einmal nicht selten die Form einer »Klammerbeziehung«, d. h. das Kind hält sich möglichst dicht an der Erzieherin. Wenn sich diese Beziehung weiter stabilisiert, werden die Kinder ruhiger und fühlen sich schließlich auch wohl in der Krippengruppe. Die Spuren der Anstrengung der ersten Wochen könne sich jedoch auch noch nach vielen Monaten bemerkbar machen.

Das *infans* Eingewöhnungsmodell in Stichworten

1. Eine rechtzeitige Information der Eltern des Kindes darüber, dass ihre Beteiligung am Eingewöhnungsprozess des Kindes erwartet wird, über die Bedeutung ihrer Anwesenheit für das Kind, sowie über Einzelheiten des Eingewöhnungsprozesses sollte so früh wie möglich erfolgen. Die Eltern sollten vorbereitet werden auf den zu erwartenden und wünschenswerten Aufbau einer Beziehung des Kindes zu seiner Erzieherin und seine Bedeutung für das Kind. Wichtig ist der Hinweis darauf, dass die Eltern Hauptbindungspersonen bleiben werden. Ziel dabei ist es, eventuell vorhandene Trennungsängste der Eltern zu mildern, die sonst den Eingewöhnungsprozess des Kindes außerordentlich erschweren kön- nen. Die Praxis zeigt dabei, dass so gut wie alle Eltern bereit sind, ihr Kind in den ersten Tagen zu begleiten. Für Eltern, die sich über dieses Thema genauer informieren wollen, ist eine Infobroschüre für Eltern im Buchhandel erhältlich (Laewen, Andres, Hédervári 2000).

2. Eine dreitägige Grundphase der Eingewöhnung, während der ein Elternteil das Kind in die Krippe begleitet und sich dort zusammen mit ihm für ein oder zwei Stunden im Gruppenraum aufhält. Wenn das Kind eine enge Beziehung zur Oma oder zu einer anderen Person hat, kann auch sie diese Rolle übernehmen. Allerdings würde hierbei die Chance zum gegenseitigen Kennenlernen für die Eltern des Kindes und die Erzieherinnen vergeben werden.

Durch Verhaltensempfehlungen für die Eltern sollte die Erzieherin versuchen, Unsicherheiten bei den Eltern abzubauen und dem Kind die Eingewöhnung zu erleichtern. Dazu gehören etwa die folgenden Vorschläge: Die Eltern sollten sich im Gruppenraum eher passiv verhalten, ihr Kind nicht drängen, sich von ihnen zu entfernen und es immer akzeptieren, wenn das Kind ihre Nähe sucht. Das Kind wird von selbst beginnen, die neue Umgebung zu erkunden, wenn es dazu bereit ist. Es wird sich von Zeit zu Zeit mit raschen Blicken vergewissern, ob es noch die Aufmerksamkeit von Mutter oder Vater hat und sich ggf. in den »sicheren Hafen« ihrer Nähe flüchten.

Diesen »sicheren Hafen« zu spielen ist exakt die Aufgabe des eingewöhnenden Elternteils. Dieser sollte weder versuchen, das Kind zu unterhalten, noch sollte er mit anderen Kindern spielen, nach Möglichkeit auch nicht lesen oder stricken. Das Kind braucht in den ersten drei Tagen das Gefühl, jederzeit die Aufmerksamkeit von Mutter oder Vater zu haben.

Die Erzieherin versucht vorsichtig und ohne zu drängen, am besten über Spielangebote oder Beteiligung am Spiel des Kindes, Kontakt zu ihm aufzunehmen. Sie beobachtet sorgfältig die Interaktion zwischen Kind und Mutter bzw. Vater und sucht nach Anhaltspunkten, die für eine kürzere oder längere Eingewöhnungszeit sprechen.

Trennungsversuche sollen in der Grundphase nicht stattfinden, sie würden das Kind in jedem Falle überfordern.

3. Eine vorläufige Entscheidung über die Dauer der Eingewöhnungszeit am vierten Tag. An diesem Tag unternimmt der begleitende Elternteil einen ersten Trennungsversuch. Einige Minuten nach Ankunft im Gruppenraum verabschiedet er sich vom Kind und verlässt den Raum, auch wenn das Kind protestiert, bleibt aber in der Nähe der Tür.

Reagiert das Kind auf den Weggang von Mutter oder Vater eher gleichmütig, ist es weiter interessiert an seiner Umgebung und bleibt ansprechbar, so kann diese erste Trennungsepisode bis maximal 30 Minuten ausgedehnt werden. Dies gilt auch, wenn das Kind zwar zu weinen beginnt, sich aber rasch und dauerhaft von der Erzieherin beruhigen lässt. Zeigt das Kind Anzeichen von Erschöpfung (z. B. auch Rückzug zu dem Platz, an dem Mutter oder Vater gesessen haben), sollte der Trennungsversuch für diesen Tag beendet werden.

Zeigt das Kind nach dem Weggang des Elternteils Anzeichen von Verstörung (erstarrte Körperhaltung, deutliche Passivität) oder beginnt zu weinen und lässt sich von der Erzieherin nicht innerhalb kurzer Zeit beruhigen, so kehrt der begleitende Elternteil nach längsten drei Minuten in den Gruppenraum zurück. Auch wenn das Kind diese Verhaltensweisen erst nach einigen Minuten zeigt, kehren Mutter oder Vater wieder in den Gruppenraum zurück.

Die Erzieherin beobachtet während des Abschieds und bei der Wiederkehr des begleitenden Elternteils das Verhalten des Kindes gegenüber Mutter oder Vater. Es kommt dabei darauf an, durch Beobachtung des Kindes in der Grundphase und während dieser ersten Trennung herauszufinden, in welchem Maß das Kind die Anwesenheit von Mutter oder Vater über sechs Tage hinaus wirklich braucht. Häufige Blickkontakte zu Mutter oder Vater, offene und unbefangene Annäherungen bis zum Körperkontakt während der ersten drei Tage und bei Rückkehr von Mutter oder Vater nach der ersten Trennung sind Anzeichen für die Notwendigkeit einer längeren begleiteten Eingewöhnungszeit von zwei bis drei Wochen. Klare Versuche der Kinder, selbst mit Belastungssituationen fertig zu werden und sich dabei nicht an den begleitenden Elternteil zu wenden, eventuell sogar Widerstand gegen ein Aufnehmen, wenige Blickkontakte zu Mutter oder Vater und seltene oder gar keine, oft eher zufällig wirkende Körperkontakte sprechen für eine kürzere Eingewöhnungszeit von etwa sechs Tagen. Eine solche Entscheidung ist wichtig, weil eine unnötig ausgedehnte Begleitung durch die Eltern manchen Kindern eher schaden als nützen kann.

4. Eine Stabilisierungsphase, die mit dem vierten Tag beginnt und in der die Erzieherin, zunächst im Beisein des Elternteils, in zunehmendem Maße die Versorgung des Kindes übernimmt (Füttern, Wickeln) und sich ihm als Spielpartner anbietet. Die begleitenden Eltern überlassen es jetzt immer der Erzieherin, als erste auf Signale des Kindes zu reagieren und helfen nur, wenn das Kind die Erzieherin noch nicht akzeptiert. Unter Beachtung der Reaktionen des Kindes vergrößern sie für die Kinder mit kurzer Eingewöhnungszeit täglich den Zeitraum, in dem das Kind allein mit der Erzieherin bleibt, halten sich für den Notfall jedoch in der Nähe, nach Möglichkeit in der Einrichtung auf. Mit Hilfe der Erzieherin entwickelt der begleitende Elternteil ein kurzes Abschiedsritual mit dem Kind, das von nun an eingehalten werden soll und dem Kind die tägliche Trennung sehr erleichtern kann.

Akzeptiert das Kind die Trennung von den Eltern noch nicht und lässt es sich während ihrer Abwesenheit von der Erzieherin nicht sicher beruhigen, sollte mit weiteren Trennungsversuchen bis zur zweiten Woche gewartet werden.

5. Eine Schlussphase, in der die Eltern sich nicht mehr gemeinsam mit dem Kind in der Krippe aufhalten, jedoch jederzeit erreichbar sind, falls die Tragfähigkeit der neuen Beziehung zur Erzieherin noch nicht ausreicht, um das Kind in besonderen Fällen aufzufangen. Die Eingewöhnung des Kindes ist grundsätzlich dann abgeschlossen, wenn es die Erzieherin als »sichere Basis« akzeptiert hat und sich von ihr trösten lässt. Dabei kann es durchaus vorkommen, dass das Kind gegen den Weggang seiner Eltern protestiert (Bindungsverhalten zeigt), das ist sein gutes Recht. Entscheidend ist, ob es sich von der Erzieherin schnell beruhigen lässt, wenn die Eltern gegangen sind und sich danach interessiert und in guter Stimmung den angebotenen Aktivitäten zuwendet. Insgesamt muss berücksichtigt werden, dass auch unter günstigen

Bedingungen der Eingewöhnungsprozess den Kindern hohe Anpassungsleistungen abverlangt. Es kann häufig beobachtet werden, dass die Kinder nach dem Aufenthalt in der Kindertagesstätte in der ersten Zeit sehr müde sind. Die Eltern sollten darauf hingewiesen werden. In diesem Zusammenhang ist es deshalb sehr wichtig, dass die Kinder, wo immer dies möglich ist, während der ersten Wochen ihres Krippenbesuchs nur halbtags die Einrichtung besuchen.

Ältere Kinder Das Vorgehen vereinfacht sich, wenn die aufzunehmenden Kinder älter sind. Aus der Forschungsliteratur wissen wir, das auch Kindergartenkinder bei einer unbegleiteten Eingewöhnung deutliche Stresssymptome zeigen können: Einnässen, Schlafstörungen, Appetitlosigkeit, Ängstlichkeit, erhöhte Erkrankungshäufigkeit. Wir schließen daraus, dass auch ältere Kinder zu Beginn des Besuchs einer Kindertageseinrichtung von einem Elternteil begleitet werden sollten. Leider haben wir keine Kenntnisse von Untersuchungen, die eine bestimmte Vorgehensweise nahe legen würden. Wir empfehlen jedoch eine zumindest einwöchige begleitete Eingewöhnungszeit auch für dreijährige und ältere Kinder, deren Einzelheiten dann auch mit den Kindern selbst besprochen werden können und sollten. Auch in diesen Fällen sollten keine Trennungen vor dem vierten Besuchstag unternommen werden.

Weitere Konsequenzen • Ist die Eingewöhnungszeit abgeschlossen, werden die meisten Kinder mit der Zeit auch zu anderen Erzieherinnen Beziehungen aufbauen, Gelegenheit dazu vorausgesetzt. Eine genaue Beobachtung der Kinder wird in den meisten Fällen zeigen, dass ihre Beziehungen noch zu ein oder zwei weiteren Kolleginnen so tragfähig sind, dass sie die Funktionen von Bindungspersonen zeitweise übernehmen können. In ihrer Nähe wird sich das Kind wohl fühlen und sich im Ernstfall zuverlässig beruhigen lassen. Für jedes Kind, das die Einrichtung besucht, sollte nach einiger Zeit bekannt sein, welche zwei oder drei Erzieherinnen es in seiner Nähe bevorzugt. Entsprechende Beobachtungen sollten systematisch durchgeführt und dokumentiert werden.

• Der Dienstplan sollte so gestaltet werden, dass zu jeder Zeit während des Besuchs der Einrichtung eine dieser vom Kind bevorzugten Erzieherinnen anwesend ist. Eine Kindertageseinrichtung im brandenburgischen Woltersdorf hat dieses Vorgehen in eigener Initiative bereits erprobt. Nach Aussage der Leiterin ist die Atmosphäre in der Tageseinrichtung seit dieser Zeit erheblich entspannter, die Unruhe unter den Kindern deutlich geringer als zuvor.

• Es sollte an dieser Stelle auch klar sein, dass Erzieherinnen, zu denen Kinder solche Beziehungen aufgebaut haben, nicht durch Kolleginnen ersetzt werden können, zu denen keine Bindungen der Kinder existieren. Anders als etwa im produzierenden Gewerbe, wo es völlig gleichgültig ist, von welcher Person – gleiche Qualifikation vorausgesetzt – eine Maschine bedient oder ein Computerprogramm geschrieben wird, wird die Qualität der pädagogischen Arbeit in einer Kindertageseinrichtung durch einen solchen Personenwechsel erheblich beeinträchtigt. Wenn ein Personalwechsel unvermeidlich ist und auf keine der Personen, zu denen die Kinder einer Gruppe Bindungen aufgebaut haben, zurückgegriffen werden kann, dann muss, ganz ähnlich wie in der beschriebenen Eingewöhnungssituation, der Aufbau einer solchen Beziehung zu der neuen Kollegin abgewartet und von der den Kindern vertrauten Erzieherin begleitet werden. Aufgrund der vorliegenden Untersuchungsdaten,

die auf erhöhte Erkrankungshäufigkeiten und Entwicklungsverzögerungen bei den Kindern in solchen
Fällen hinweisen, grenzt es an zumindest fahrlässige
Körperverletzung, wenn Kinder ohne solche Vor-
kehrungen einem solchen Wechsel ausgesetzt oder ohne
Begleitung durch einen Elternteil in eine Einrichtung
aufgenommen werden.

- Abschließend sei darauf hingewiesen, dass die frühen
  Bindungen der Kinder die ersten und deshalb wichtigen
  sozialen Bezüge herstellen. Die Kinder gliedern sich
  damit in das Geflecht sozialer Beziehungen ein, das uns
  alle umgibt und dessen Teil wir sind. Sie erlernen erste
  Formen der Einflussnahme auf Erwachsene, wenn sie
  Bindungsverhalten zeigen und darin wahrgenommen und
  akzeptiert werden. Wenn ihre Versuche, im Ernstfall Nähe
  herzustellen, ggf. auch aufgenommen zu werden, positiv
  beantwortet werden, erfahren sie, dass sie Einfluss
  nehmen können auf ihre Situation, dass die für sie wichtigsten Erwachsenen sie verstehen und ihre Initiativen
  ernst nehmen. Sie erfahren auf diese Weise die erste Form
  der Anerkennung, die wir alle brauchen, um überhaupt in
  einem sozialen Umfeld existieren zu können
  (vgl. Leu 1998). Auf dieser Basis kann das Kind eine
  sichere Bindung aufbauen, die sein Vertrauen in sich
  selbst und die Anderen auf grundlegende Weise ermöglicht und stützt. Aus einer anderen Sicht wurde dafür
  der Begriff des Urvertrauens geprägt.

- Das Kind – so hatten wir an einer anderen Stelle gesagt –
  konstruiert auf dieser Grundlage interne Arbeitsmodelle,
  in denen es seine Erfahrungen mit solchen Kontakten
  aufbewahrt und als Modell an zukünftige Erfahrungen
  heranträgt. Im günstigen Fall enthalten diese Arbeitsmodelle die Erfahrung und daraus resultierende
  Überzeugungen des Kindes, auf seine Lebenssituation

selbst Einfluss nehmen zu können. Es entsteht ein starkes Gefühl der »Selbst-Wirksamkeit«, das später auch die Herangewachsenen davor schützt, sich als hilfloses Opfer von Umständen zu erleben.

Darin liegt, so zeigen die entsprechenden Ergebnisse aus der so genannten Resilienzforschung, ein starker Faktor, der später in schwierigen Lebenslagen vor dem Zusammenbruch der Handlungs- und Orientierungsfähigkeit schützen kann.

Vorschläge für eigene Aktivitäten

Studieren Sie gründlich das Eingewöhnungsmodell und erproben Sie es bei nächster Gelegenheit. Sie werden feststellen, dass Sie die Kooperation der Eltern, Ihrer Leiterin, Ihrer Kolleginnen und ggf. auch des Trägers benötigen, um fachlich korrekt vorgehen zu können. In der angegebenen Literatur finden Sie dazu Hinweise.

Beobachten Sie Kinder beim Abschied von ihren Eltern und bei deren Wiederkehr, in Stresssituationen, bei kleineren Unfällen oder wenn sie sich erschrecken. Sie werden feststellen, dass die Kinder in vielen dieser Fälle Bindungsverhalten zeigen. Notieren Sie, was Sie sehen.

Rufen Sie sich in einer ungestörten Situation einmal einige Situationen ins Gedächtnis, in denen Sie zum ersten Mal in einer fremden Umgebung waren (erster Tag an einem neuen Arbeitsplatz, erstes Zusammentreffen mit der Familie Ihres Partners, etc.). Notieren Sie, was Sie empfunden haben, wie Sie reagiert haben, Ihr Verhalten, etc. Sie werden feststellen, dass Bindungsverhalten keine Besonderheit bei Kindern ist.

Bildungsbereiche oder
Die sieben Intelligenzen des
Howard Gardner

Kinder bilden sich selbst, indem sie über ihre Sinnesorgane einen Zugang zur Welt und zu sich selbst finden. Sie sehen, hören, tasten, schmecken und riechen die Welt, sie empfinden Kälte und Wärme, Schmerz und Wohlbehagen, die Existenz ihres eigenen Körpers. Sie machen sich »ein Bild von der Welt«, wie wir das genannt haben, und dieses »Bild« setzt sich aus allen Sinneseindrücken zusammen, die im Erfahrungsbereich des Kindes liegen. Das »Bild« enthält also keineswegs nur optische Eindrücke. Der Aufbau dieses »Weltbildes« beginnt mit relativ einfachen Interaktionen zwischen der neuronalen Struktur, die das Kind aus der Evolution mitbringt, und der Umwelt, und die zu Grunde liegenden Prozesse gleichen sich zunächst bei allen Kindern. In diesem Sachverhalt mag eine der Ursachen zu suchen sein, wenn Erwachsene glauben, dass alle Kinder sich in gleicher Weise entwickeln und Unterschiede in der Leistungsfähigkeit der Kinder schließlich auf ein Wechselspiel von Anlage und vorhandener oder fehlender Anstrengungsbereitschaft der Kinder zurückgeführt werden können. Erst wenn die Leistungsfähigkeit einzelner Kinder das durchschnittlich erwartete Niveau deutlich übersteigt, spricht man von besonderen Begabungen, die beispielsweise das Verständnis der Kinder von Musik oder Mathematik betreffen können.

Diese Erfahrung der besonderen Begabung für ein bestimmtes
Gebiet steht in einem gewissen Widerspruch zu einer auch in
der Wissenschaft weit verbreiteten Vorstellung, die sich auf
die so genannte Intelligenz von Kindern oder auch Erwachsenen bezieht. Intelligenz wird in diesem Zusammenhang als ein
allgemeines Merkmal der Persönlichkeit betrachtet, die sich in
allen Bereichen des beruflichen oder privaten Lebens bemerkbar macht und Menschen, die über eine hohe Intelligenz verfügen, zu besonderen Leistungen befähigt. Diese Auffassung
von Intelligenz schlägt sich auch in der Vorstellung nieder,
man könne das Ausmaß, in dem ein Mensch darüber verfügt,
mit Hilfe einer Zahl beschreiben, dem so genannten Intelli-
genzquotienten oder abgekürzt IQ, der sich mit verschiedenen
Testverfahren bestimmen lässt.

Eine solche Sichtweise ist einerseits dadurch relativiert worden, dass man u. a. zwischen verbalen und nicht-verbalen Intelligenzformen zu unterscheiden gelernt hat und in jüngerer
Zeit unter der Bezeichnung »emotionale Intelligenz« auch andere Erscheinungsformen menschlicher Leistungsfähigkeit in
die Betrachtung einbezogen hat. Howard Gardner, Psychologe an der weltweit bekannten – und für ihre wissenschaftlichen Leistungen anerkannten – Havard Universität in Boston,
USA, ist noch einen Schritt weiter gegangen und spricht von
»multiplen Intelligenzen«, über die jeder Mensch in unterschiedlicher Weise verfüge. Insgesamt sieben »Intelligenzen« – inzwischen ist noch eine achte hinzugekommen – hatte
Gardner in seinem soeben in dritter Auflage erschienenen
Buch »Abschied vom IQ – Die Rahmentheorie der vielfachen
Intelligenzen« identifizieren können und hat daraus für die
Pädagogik der frühen Jahre eine neue Perspektive entwickelt.

Diese neue Herangehensweise besteht darin, Kinder nicht
nur nach ihren allgemeinen Fähigkeiten – insbesondere im
sprachlich-kognitiven Bereich – zu beurteilen, sondern genauer hinzusehen. Es geht darum, auf die unterschiedlichen

Wege zu achten, auf denen Kinder ihren Zugang zur Welt strukturieren. Sie treten klarer hervor, je älter die Kinder werden, und eine gute pädagogische Arbeit wird ihnen von Beginn an die nötige Aufmerksamkeit widmen müssen. »Es liegen ausreichende Belege dafür vor«, so argumentiert Gardner in einem seiner wichtigsten Bücher »Der ungeschulte Kopf – Wie Kinder denken« mit Bezug auf ältere Kinder, »dass einige Menschen einen vorwiegend sprachlichen Lernansatz wählen, während andere einen räumlichen oder quantitativen Weg bevorzugen. Aus demselben Grund erbringen einige Schüler die besten Leistungen, wenn sie mit Symbolen gleich welcher Art umgehen, während sich das Verständnis anderer eher anhand einer praktischen Demonstration oder im Umgang mit anderen Menschen zeigt.«

»Ich habe behauptet, dass alle Menschen auf mindestens sieben verschiedene Arten fähig sind, die Welt zu erfahren – Arten, die ich an anderer Stelle die sieben menschlichen Intelligenzen genannt habe. Dieser Analyse zufolge können wir alle die Welt mit Hilfe der Sprache, des logisch-mathematischen Denkens, der räumlichen Vorstellung, des musikalischen Denkens, der Verwendung des Körpers bei der Lösung von Problemen oder der Herstellung von Gegenständen, mit Hilfe des Verstehens anderer Menschen oder des Verständnisses für uns selbst begreifen. Die Unterschiede zwischen den Menschen bestehen in der relativen Ausprägung dieser Intelligenzen – dem so genannten Profil der Intelligenzen – und der Art, in der diese Intelligenzen herangezogen und kombiniert werden, um unterschiedliche Aufgaben auszuführen, Probleme zu lösen und Wissensbereiche zu erschließen.« (Gardner 1996, S. 25f)

Auf der Basis dieser Theorie der vielfachen Intelligenzen ist inzwischen ein über viele Jahre in der Praxis erprobtes Konzept entstanden, das in und außerhalb der USA Verwendung findet. Über die Erfahrungen damit existieren verschiedene

Veröffentlichungen, über die unter der Bezeichnung »Project Zero« auch im Internet Informationen zu finden sind. Es ist an diesem Ort nicht möglich, das Modell als Ganzes vorzustellen. Worum es in diesem Arbeitsblatt gehen wird, ist ein allerdings wichtiger Ausschnitt daraus: Eine Anleitung zur Identifizierung von Stärken eines Kindes in sieben Bereichen, die mit den »sieben Intelligenzen« verknüpft sind. Diese »sieben Intelligenzen« sind wissenschaftliche Konstruktionen, über deren Bedeutung für die wissenschaftliche Erkenntnis noch diskutiert wird. Die beobachtbaren Verhaltensweisen von Kindern aber sind reale Möglichkeiten, den Blick von Erzieherinnen dafür zu schärfen, dass Kinder in unterschiedlichen Bereichen fast immer unterschiedliche Kompetenzen entwickeln. In einer solchen differenzierten Wahrnehmung kindlicher Kompetenzen sehen wir eine der wichtigsten Voraussetzungen für eine Vorschulpädagogik, die den neuen Kenntnissen über frühkindliche Bildungsprozesse gerecht werden will.

Das Verhältnis dieser Kompetenzen der Kinder zueinander kann sich im Laufe der Zeit verändern, so dass der einmal gewonnene Eindruck immer wieder überprüft werden muss, zumindest zweimal im Jahr. Die Erzieherinnen werden feststellen, dass sich auch ohne eine weitere Anleitung für die Auswertung ihrer Beobachtungen ein vertieftes Verständnis für die Situation der Kinder und ihren Zugang zur Welt einstellen wird. Darauf basierend werden fast von selbst nahe liegende Ideen entstehen, auf welche Weise die Kinder darin unterstützt werden können, ihre beobachteten Kompetenzen weiter auszubauen und sie mit anderen Kompetenzbereichen zu verknüpfen. Eine Anwendung dieses Wissens könnte darin bestehen, die in den meisten Kindertageseinrichtungen existierenden Funktionsecken auf der Grundlage der Vorstellung von den sieben Intelligenzen zu »Bildungsinseln« weiter zu entwickeln, wo die Kinder ihre jeweiligen Vorlieben für einen oder mehrere dieser Bereiche ausbauen können. Aus der Nutzung der »Bildungsinseln« durch die Kinder können auch Informationen darüber gewonnen werden, welcher der Intelligenzbereiche für die Kinder jeweils im Vordergrund steht. In den nachfolgend beschriebenen »Intelligenzprofilen« können diese Informationen festgehalten und zu einer systematisch genutzten Grundlage für die weitere pädagogische Arbeit herangezogen werden.

Die Herstellung einfacher »Profile der Intelligenzen« von Kindern

Auch in diesem Fall steht am Anfang die genaue Beobachtung der Kinder. Dieses Mal richtet sich die Aufmerksamkeit darauf, welche der sieben Herangehensweisen an die Welt bei einem Kind zu beobachten sind und welche ggf. besonders im Vordergrund steht. Für diese Form der Beobachtung eignen sich neben der Auswertung der Nutzung der eben erwähnten »Bildungsinseln« alle Spielsituationen, aber auch während der Essenszeiten lassen sich Eindrücke gewinnen, auf welche Art und Weise und wie geschickt oder ungeschickt sich Kinder entlang der sieben Zugänge zur Welt bewegen. Es geht dabei zunächst einmal um eine Erweiterung und Vertiefung des Bildes, das sich jede Erzieherin mit der Zeit von jedem einzelnen Kind macht, das sich für einige Stunden des Tages in ihrer Obhut befindet. Es geht darum, einen ersten Schritt auf dem Weg zum Auffinden besonderer Stärken, besonderer Talente zu tun, über die viele Kinder verfügen, wenngleich sie sich eben – und das ist der springende Punkt – in der Art ihrer Talente sehr unterscheiden können.

Allerdings scheint die sprachliche Kompetenz die am meisten verbreitete der sieben Intelligenzen des Howard Gardner zu sein, die fast allen Kindern in ausreichendem Maß zur Verfügung steht, während die mathematische oder die musikalische Intelligenz deutlich weniger verbreitet zu sein scheint. Worum es uns in diesem Zusammenhang geht, ist der Versuch, das Auge der Erzieherin für die verschiedenen Zugänge zur

Welt zu schärfen, welche von Kindern vorzugsweise gewählt werden, Bereiche zu identifizieren, in denen sich Kinder besonders gerne aufhalten und in denen sie besonders leicht lernen. Dies fällt bei älteren Kindern leichter als bei jüngeren, und so werden sich die meisten der folgenden Beispiele eher bei Kindern ab drei Jahren beobachten lassen, wenngleich es durchaus möglich sein könnte, Anzeichen für solche Talente und Vorlieben bereits in einem früheren Alter zu bemerken.

Für jüngere Kinder kann jedoch auf eine der vorliegenden Entwicklungstabellen zurückgegriffen werden, in denen in mehreren Bereichen aufeinander folgende Entwicklungsschritte nachgezeichnet werden. Ein gutes Beispiel dafür ist die Entwicklungstabelle von E. K. Beller[1], die als Poster bezogen werden kann und in acht Bereichen Beispiele für die Reihenfolge der Zwischenstationen anbietet, an denen das Voranschreiten der frühen Bildungsprozesse von Kindern beobachtet werden kann. Auch wenn die Tabelle nicht für diesen Zweck gedacht ist, kann sie als Grundlage für ganz ähnliche Entscheidungen dienen, wie wir sie weiter oben beschrieben haben: Lassen sich Tätigkeiten des Kindes in einem der Bereiche auffinden, die es besonders gern, häufig oder dauerhaft ausübt?

Die nun folgenden Beispiele für Fragen, die sich Erzieherinnen für jedes Kind stellen sollten, sollen keinen Entwicklungstest ersetzen, sondern sollen Hinweise darauf erbringen, ob ein Kind sich in einem der von Gardner bezeichneten Intelligenzformen hervortut und zu gegebener Zeit besonders gerne diesen einen Weg wählt, um sich mit der Welt und den großen und kleinen Menschen auseinander zu setzen.

----

[1] Poster zur Entwicklungstabelle von Prof. E. K. Beller zu beziehen über: Prof. Dr. Beller, Fax: 030/2641662; E-mail: s.beller@berlin.de

Sprachliche Intelligenz *bitte ankreuzen,*
was zutrifft

1. Spricht das Kind auffällig früh? ☐
2. Spricht das Kind gerne und geschickt? ☐
3. Spricht es häufig und in fast jeder Situation? ☐
4. Spricht es über längere Dauer in einigen Situationen?
5. Erzählt es gern Geschichten über eigene Abenteuer oder selbst erfundene Gestalten? ☐
6. Hört das Kind gern zu, wenn Geschichten erzählt oder vorgelesen werden? ☐
7. Benutzt es manchmal überraschende Sprachbilder (z. B. könnte es eingeschlafene Füße mit Sprudelwasser vergleichen)? ☐
8. Ist die Sprache des Kindes ausdrucksvoll? Hat sie einen angenehmen Rhythmus? ☐
9. Versucht das Kind, seine Absichten und Wünsche vorzugsweise sprachlich durchzusetzen? ☐ Argumentiert es dabei und versucht es, andere von der Richtigkeit seiner Aktionen zu überzeugen? ☐
10. Hat das Kind ein gutes Gedächtnis für Eindrücke, Erfahrungen und Stimmungen? ☐
11. Versteht das Kind Sprachäußerungen von Erwachsenen leicht? ☐
12. Fällt es dem Kind leicht, eine Liste seiner Besitztümer aufzuzählen oder eine Wegbeschreibung wieder zu geben? ☐

Was fällt Ihnen im sprachlichen Bereich noch positiv auf?

13. .... ☐

14. .... ☐

15. .... ☐

Logisch-mathematische Intelligenz

1. Zeigt das Kind Interesse an Zahlen? ☐
2. Sortiert das Kind gern Objekte nach ihren Merkmalen ☐
   (z. B. Form, Farbe, Größe, Gewicht, Zugehörigkeit
   zu einer Geschichte, etc.)?
3. Spielt das Kind gern mit Puzzles? Ist es darin geschickt ☐
   und/oder ausdauernd?
4. Fragt das Kind häufig danach, wie Dinge funktionieren? ☐
5. Kann es Größenverhältnisse gut schätzen (z. B. »Das ☐
   Fenster ist größer als das Bild.« oder »Der Baum ist weiter
   entfernt als der Sandkasten.« oder »Die Latten im Zaun
   sind alle gleich weit von einander entfernt.«, etc.)?
6. Beschreibt das Kind gern und leicht eine Reihenfolge von ☐
   Schritten, die zur Vorbereitung einer Aktivität gehören
   (z. B. wenn Ausflüge geplant sind oder wenn das Kind
   malen oder bauen möchte)?
7. Entwickelt und benutzt das Kind Strategien, wenn es ☐
   Wettbewerbsspiele mit anderen Kindern spielt?
8. Benutzt das Kind häufig und gern quantifizierende ☐
   Beschreibungen (z. B. »Das ist eine lange Geschichte.«
   oder »Das ist eine schwere Aufgabe.« oder »Gestern
   sind wir mit dem Auto sehr schnell gefahren.«, etc.)?
9. Benutzt das Kind logische Schlüsse (z. B. »Wenn dir das ☐
   Buch gehört, weil dein Name darauf geschrieben ist,
   und wenn ich meinen Namen auch darauf schreibe, dann
   gehört mir das Buch auch!«)?

Was fällt Ihnen im mathematisch-logischen Bereich noch positiv auf?

13. .... ☐

14. .... ☐

15. .... ☐

Bewegungs Intelligenz *bitte ankreuzen, was zutrifft*

1. Imitiert das Kind gern und leicht Bewegungen von anderen Personen? ☐

2. Bewegt sich das Kind leicht und flüssig? ☐

3. Bewegt das Kind gern und leicht verschiedene Körperteile einzeln für sich (z. B. Arme, Beine, Kopf, Rumpf)? ☐

4. Bewegt sich das Kind gern und leicht im Einklang mit einfachen oder wechselnden Rhythmen, insbesondere bei Musik? ☐

5. Erprobt das Kind selbst Rhythmen in seiner Bewegung (z. B. Tanzschritte, vorgetäuschtes Hinken, Springen, Drehungen, etc.)? ☐

6. Liebt das Kind Bewegungsspiele? ☐

7. Bewegt sich das Kind leicht um Hindernisse herum und vermeidet mühelos Zusammenstöße mit anderen Kindern? ☐

8. Reagiert das Kind bei einem Wechsel in der Art der Musik (z. B. von sanfter, schwebender Musik zu Rock-Musik) mit einer adäquaten Veränderung seiner Bewegungen? ☐

9. Benutzt das Kind gern und leicht dramatische Körpergesten zur Darstellung von Stimmungen, Absichten oder zur Illustration von Geschichten? ☐

10. Ist das Kind feinmotorisch geschickt? ☐

11. Springt das Kind gern und geschickt von erhöhten Standorten herunter? ☐

12. Balanciert das Kind gern auf Balken, Stegen oder kleinen Mauern? ☐

Was fällt Ihnen im Bewegungsbereich noch positiv auf?

13. .... ☐

14. .... ☐

Musikalische Intelligenz

1. Versucht das Kind gern, neue Melodien oder Rhythmen wieder zu geben? ☐
2. Singt oder summt das Kind gern Melodien, wenn Bewegungen mit anderen Dingen beschäftigt? ☐
3. Hört das Kind gern Musik? ☐
4. Bevorzugt das Kind bestimmte Stilrichtungen in der Musik (Lieder, klassische Musik, Pop- oder Rockmusik, etc.) ☐
5. Lernt das Kind leicht und gern neue Lieder und singt gern mit? ☐
6. Reagiert das Kind auf Wechsel im Rhythmus oder im Tempo von Musikstücken oder auf Wechsel der Lautstärke? ☐
7. Kann das Kind einen Rhythmus oder ein Tempo halten (z. B. durch Klopfen, Stampfen oder Vokalisationen)? ☐
8. Hat das Kind Spaß daran, dem Wechsel von Tonhöhen zu folgen oder sie nachzuahmen? ☐
9. Hat das Kind Spaß daran, den Klang einzelner Instrumente zu unterscheiden und sie (bei älteren Kindern) auch zu benennen? ☐
10. Zeigt das Kind Interesse an den Klängen, die mit verschiedenen Gegenständen erzeugt werden können? ☐
11. Experimentiert das Kind gern selbst mit Klängen? ☐

Was fällt Ihnen im musikalischen Bereich noch positiv auf?

12. .... ☐

13. .... ☐

14. .... ☐

Soziale Intelligenz *bitte ankreuzen,*
was zutrifft

1. Ist das Kind gern mit anderen Kindern zusammen und spielt es gern mit ihnen? ☐
2. Suchen andere Kinder gern die Gesellschaft oder die Nähe des Kindes? ☐
3. Hilft das Kind gern und kompetent bei Konflikten zwischen anderen Kindern? ☐
4. Hilft das Kind anderen Kindern, wenn diese unglücklich sind oder Aufmerksamkeit benötigen? ☐
5. Hat das Kind Freunde? ☐
6. Versteht es deren Vorlieben bzw. Abneigungen? ☐
7. Kann das Kind aufmerksam zuhören? ☐
8. Leitet das Kind häufig und gern das Spiel anderer Kinder an? ☐
9. Verteilt es Rollen und werden diese akzeptiert? ☐
10. Zeigt das Kind Verständnis für die Gefühle, Gedanken und Fähigkeiten anderer Kinder? ☐
11. Zeigt das Kind, dass es seine eigenen Fähigkeiten, Interessen und Schwierigkeiten kennt? ☐
12. Drückt das Kind durch Sprache (oder Malen oder Basteln oder ausdrucksvolle Gestik und Mimik, etc.) seine eigenen Gefühle und Erwartungen leicht und für andere nachvollziehbar aus? ☐
13. Zeigt das Kind Selbstvertrauen? ☐
14. Hat das Kind einen Sinn für Humor? ☐
15. Riskiert das Kind Misserfolge und nimmt sie ggf. in guter Haltung hin? ☐

Was fällt Ihnen im Bereich der sozialen Kompetenz des Kindes noch positiv auf?

16. .... ☐

17. .... ☐

Praktische Intelligenz

bitte ankreuzen,
was zutrifft

1. Nimmt das Kind gern Dinge auseinander? ☐
2. Setzt das Kind diese Gegenstände geschickt wieder zusammen? ☐
3. Konstruiert das Kind gern Bauwerke oder einfache Maschinen (z. B. mit entsprechenden Baukästen)? ☐
4. Zeigt das Kind ein Verständnis für die räumliche Anordnung von Dingen oder von Teilen eines solchen Bauwerks relativ zueinander? ☐
5. Ist das Kind geschickt in der Manipulation kleiner Teile oder Objekte? ☐
6. Zeigt das Kind eine gute Auge-Hand-Koordination (z.B. bei Gebrauch eines Hammers)? ☐
7. Versteht das Kind die Beziehung zwischen den Teilen eines Ganzen und der Gesamtkonstruktion (z. B. einer einfachen Maschine, eines Baukrans oder eines Schaufel-baggers) und welches die Funktion der Teile ist? ☐
8. Zieht das Kind Schlüsse aus seinen Beobachtungen hin-sichtlich solcher Beziehungen von Teilen zueinander? ☐
9. Benutzt das Kind die Methode von Versuch und Irrtum und lernt es dadurch? ☐
10. Benutzt das Kind ein systematisches Vorgehen beim Lösen mechanischer Probleme (z. B. wenn Schrauben nicht greifen oder Teile nicht passen)? ☐

Was fällt Ihnen im Bereich der praktisch-mechanischen Kompetenz des Kindes noch positiv auf?

11. .... ☐

12. .... ☐

13. .... ☐

Wissenschaftliche Intelligenz

1. Bemerkt das Kind häufig Veränderungen oder kleine Details in seiner Umgebung (z. B. neue Blätter an Pflanzen, Insekten an Baumstämmen, eine neue Anordnung von Bildern, etc.)? ☐

2. Vergleicht das Kind gern Materialien oder Ereignisse miteinander und erkennt Ähnlichkeiten und Unterschiede? ☐

3. Fragt das Kind gern und häufig »Was-wäre-wenn-Fragen« oder bietet Erklärungen dafür an, warum Dinge so sind, wie sie sind? ☐

4. Führt das Kind gern einfache Experimente aus oder entwickelt entsprechende Ideen, um eine eigene Hypothese zu testen oder die eines anderen Kindes (z. B. gießt es Pflanzen mit Farbe statt mit Wasser oder wirft Steine unterschiedlicher Größe ins Wasser, um etwas über ihre Sinkgeschwindigkeit herauszufinden)? ☐

5. Fragt das Kind regelmäßig, um Dinge erklärt zu bekommen, die es beobachtet hat? ☐

6. Untersucht das Kind gerne und intensiv verschiedene Materialien und benutzt dabei mehrere Sinnessysteme (z. B. Auge, Tastsinn und Geschmack)? ☐

7. Zeigt das Kind Interesse daran, seine Beobachtungen in irgendeiner Form aufzuzeichnen (z. B. durch Zeichnungen oder Abdrücke)? ☐

Was fällt Ihnen im Bereich der wissenschaftlichen Kompetenz des Kindes noch positiv auf?

8. .... ☐

9. .... ☐

10. .... ☐

Die Zahl der angekreuzten Aussagen in den jeweiligen Berei- **Auswertung**
chen wird in die nachfolgende Tabelle eingetragen. Zugleich
bewertet die Erzieherin das Engagement und die Intensität,
mit der das Kind sich in der bezeichneten Weise verhält mit einer Zahl zwischen 0 und 4, wobei die Null »kein Interesse« des
Kindes markiert und die Vier ein »sehr hohes Interesse«. Im
Regelfall wird die Anzahl der angekreuzten Aussagen des Be-
reichs mit der Höhe des Interesses der Kinder zusammenge-
hen. Im Zweifelsfall sollte jedoch der Interessenbewertung
durch die Erzieherin der höhere Rang eingeräumt werden.
Werden die Zahlen der Erzieherinneneinschätzung in der dritten Spalte der Tabelle durch Linien miteinander verbunden,
entsteht eine grafische Darstellung – ein Profil der Intelligenzen, das die Bildungsbereiche eines Kindes markiert, die zum
Beobachtungszeitpunkt im Vordergrund stehen.

Dieses Profil ist ein erster Schritt hin zu einer differenzierten
Beurteilung von Kompetenz- und bevorzugten Bildungsbe-
reichen eines Kindes, das zu einem späteren Zeitpunkt weiter
entwickelt werden soll[2]. Für die Erzieherin kann dieses Profil
als eine Grundlage für die weitere Arbeit dienen, insofern die
Identifizierung von Bereichen besonderer Kompetenzen oder
Interessen der Kinder das Erkennen von Themen der Kinder
erleichtern kann und Anregungen für sinnvoll »zuzumutende
Themen« für das jeweilige Kind enthält. Die Kindertageseinrichtung kann sich auf die Vorstellung der verschiedenen Intelligenzen stützen, wenn sie das Konzept der Funktionsecken
zu einer »Landschaft von Bildungsinseln« weiterentwickeln
will, die sich jeweils auf eine der Intelligenzen beziehen und
Möglichkeiten für die Kinder bereitstellen, sich darin zu üben
und zu neuen Herausforderungen zu gelangen.

. . . .
[2] Gardner und sein Team haben unter dem Namen »Project Spectrum« ein Konzept entwickelt, das
die Identifizierung von Kompetenzen und Interessen der Kinder mit der Förderung weniger ent-
wickelter Bereiche verbinden will. Die Veröffentlichungen dazu liegen vorerst in englischer Sprache vor und sollen in einem Folgeprojekt zusammen mit anderen Konzepten ausgewertet werden.

Auswertungs-bogen
Die sieben Intelligenzen

Name des Kindes:

....

Name der Erzieherin:

....

Datum der Beobachtung:

....

	Anzahl der im jeweiligen Bereich angekreuzten Aussagen	Einschätzung der Erzieherin zu der Höhe des Interesses des Kindes in dem Bereich 0–4	0=kein Interesse 1=geringes Interesse 2=mittleres Interesse 3=hohes Interesse 4=sehr hohes Interesse
Sprachliche Intelligenz		0 1 2 3 4	
Logisch-ma-thematische Intelligenz		0 1 2 3 4	
Bewegungs-Intelligenz		0 1 2 3 4	
Musikalische Intelligenz		0 1 2 3 4	
Soziale Intelligenz		0 1 2 3 4	
Praktische Intelligenz		0 1 2 3 4	
Wissen-schaftliche Intelligenz		0 1 2 3 4	

Arbeitsblatt 7

Beobachtung und fachlicher Diskurs

Was sollten Sie bedenken, wenn Sie zukünftig systematischer beobachten wollen? Der Beobachtungsbogen, den wir Ihnen im Folgenden vorstellen, ist dafür gedacht, Anhaltspunkte zu den Bildungsthemen der Kinder zu sammeln. Er ist offen gestaltet, um Ihren Beobachtungsblick nicht auf bestimmte Verhaltensweisen oder Fertigkeiten der Kinder einzuengen.

Schaffen Sie im Vorfeld für sich eine Situation, in der Sie sich mit Ihrer Aufmerksamkeit voll und ganz auf die Beobachtung konzentrieren können. Vereinbaren Sie mit Ihren Kolleginnen, wann Sie beobachten wollen, und dass Sie in dieser Zeit nicht »ohne Not« gestört werden wollen. Klären Sie mit einer Kollegin, die den Kindern vertraut ist, ab, dass sie sich während dieser Zeit um die Belange der Kinder kümmert und den Mädchen und Jungen als Ansprechpartnerin zu Verfügung steht. Versuchen Sie, Ihre Aufmerksamkeit für ca. 20–30 Minuten ausschließlich auf die Beobachtung zu lenken. Erfahrungsgemäß nehmen die Kinder die Aufmerksamkeit wahr, die ihrem Tun entgegengebracht wird und genießen diese Anerkennung.

Im Vorfeld der Beobachtung

Der Beobach-
tungsbogen Alle vier Bereiche des Beobachtungsbogens (Was geschieht? Was tun, sagen die Kinder?/Was macht die Situation mit mir?/ Perspektivenübernahme/Fachliche Reflexion mit den Kolleginnen) werden für eine Beobachtungssequenz bearbeitet.

Füllen Sie zu Beginn und am Ende der Beobachtung sorgfältig den »Kopf« der ersten Seite aus.

Wichtig ist, den Tag und Beginn und Ende der Beobachtung einzutragen. Nur so können Sie – eine kontinuierliche Beobachtung vorausgesetzt – im Rückblick Entwicklungen bei einzelnen Kindern und in Kindergruppen nachvollziehen.

Wenn Sie mit bestimmten Fragen oder Hypothesen in die Beobachtung gehen, notieren sie diese Aufmerksamkeitsrichtungen auf dem Beobachtungsbogen unter »Sonstige wichtige Angaben zur Beobachtung«. Dies gilt ebenso für alle weiteren Angaben, die für Sie bedeutsam sind.

Falls Sie auch Interaktionen zwischen den Kindern und den Erzieherinnen in die Beobachtung einbeziehen, vermerken Sie dies ebenfalls auf der ersten Seite des Bogens. Selbstverständlich setzt eine solche Dokumentation voraus, dass Sie sich mit Ihren Kolleginnen darüber verständigt haben, sich wechselseitig zu beobachten und diese schriftlichen Aufzeichnungen als Basis der fachlichen Reflexion im Team zu nutzen.

Auch kann das Instrument verändert und erweitert werden. Falls Sie zum Beispiel im Laufe einer Beobachtungsreihe Ihre Aufmerksamkeit auf bestimmte Fragen richten wollen, können Sie weitere Rubriken einfügen.

Was ge-
schieht? Was
tun und sagen
die einzelnen
Mädchen
und Jungen? Dokumentieren Sie nun als Erstes das Geschehen möglichst genau. Ausgangspunkt aller weiteren Überlegungen ist das, was die Kinder sagen und tun.

Wichtig ist in jedem Fall, dass Sie offen bleiben gegenüber den Handlungen und Gesprächen der Kinder und sich nicht durch eine eigene Fragestellung dazu verleiten lassen, nur die-

ser Aufmerksamkeitsrichtung zu folgen und nur aufzuschreiben, was Ihnen selbst in der Situation bedeutsam erscheint.

Auch Details, die Ihnen auf den ersten Blick unbedeutend
erscheinen, können in der späteren Auswertung der Beobachtung bedeutsam sein, um die Bildungsthemen der Kinder zu
entschlüsseln. Diese Themen erschließen sich häufig nur über
eine möglichst getreue Wiedergabe dessen, was die einzelnen
Mädchen und Jungen in der Situation getan und gesagt haben.

Bleiben Sie bei dem, was Sie tatsächlich sehen. Interpretieren Sie in diesem ersten Schritt nicht, was die Kinder tun. Auch
Ihre eigenen spontanen Emotionen und Ihre Überlegungen zu
möglichen Empfindungen der Kinder, ihren Absichten und
Ideen, schreiben Sie erst im nächsten Schritt auf.

Was macht die Situation mit mir?

Die unterschiedlichen Szenen, die Sie beobachten werden bei
Ihnen Gefühle, Gedanken, Erinnerungen wachrufen. Diese
Empfindungen und Bilder basieren auf Ihrer ganz individuellen Lebensgeschichte, ihren bisherigen Erfahrungen mit den
agierenden Kindern oder mit den Kolleginnen in der Kindertageseinrichtung. Schreiben Sie diese Gefühle und spontanen
Ideen auf. Diese Notizen können Ihnen helfen, sich Ihrer eigenen Handlungsmuster im Umgang mit den Kindern bewusst
zu werden. So können Sie zum Beispiel herausfinden, ob Sie
bei bestimmten Themen selbst ganz engagiert bei der Sache
sind, und getragen von Ihrem eigenen Interesse, die Kinder in
ihrem Forschergeist gern unterstützen und herausfordern, aber
vielleicht in anderen Situationen die Möglichkeiten der Kinder, sich mit einem Thema näher zu befassen, aufgrund eigener Ängste oder mangels eigenen Interesses einschränken.
Wenn Ihnen diese Hintergründe bewusst sind, können Sie für
sich und gemeinsam mit Ihren Kolleginnen Lösungsmöglich-
keiten entwickeln, die den individuellen Bildungswegen der
Kinder angemessen sind.

Wenn ich das Kind wäre, welche Bedeutung hätte die Situation für mich?

Es ist wichtig, dass Sie in der Beobachtung unterscheiden zwischen dem, was die Kinder sagen und tun, den Empfindungen, die bei Ihnen wachgerufen werden und den Gefühlen, die Sie im Verhalten der Kinder, ihrer Gestik und Mimik wahrnehmen. Diese Unterscheidung bietet eine breitere Basis für die Einschätzung der Kompetenzen der einzelnen Mädchen und Jungen und die Deutung ihres Engagements und ihrer Freude am jeweiligen Thema. Sie erschwert zugleich die unreflektierte Übertragung Ihrer eigenen Empfindungen auf die beobachteten Kinder.

Von der individuellen Beobachtung zur fachlichen Reflexion mit den Kolleginnen

Die auf den Seiten 1–4 des Beobachtungsbogens dokumentierten Szenen bilden die Grundlage für Ihre fachliche Reflexion. Grundsätzlich kann jede Erzieherin in der Kindertageseinrichtung diese Auswertung allein vornehmen, allerdings sind damit die Möglichkeiten einer detaillierten fachlichen Interpretation der dokumentierten Handlungssequenzen eingeschränkt. Fünf Erzieherinnen »sehen« mehr als eine Fachkraft allein erkennen kann und über das gemeinsame fachliche Gespräch lassen sich die gewonnenen Erkenntnisse unmittelbar für die gemeinsame pädagogische Planung nutzen. Sie sollten deshalb gemeinsam mit Ihren Kolleginnen überlegen, wann Sie sich alle gemeinsam oder jeweils eine Teilgruppe des Teams zusammensetzen können, um vorliegende Beobachtungen auszuwerten. Nutzen Sie möglichst häufig die Kompetenzen des gesamten Teams. Wir empfehlen Ihnen, feste Termine zu vereinbaren, und sich regelmäßig – am besten einmal wöchentlich, mindestens aber zweimal im Monat – zur fachlichen Reflexion der individuellen Beobachtungen zu treffen. Verabreden Sie rechtzeitig im Voraus, wer eine seiner Beobachtungen vorstellt und achten Sie darauf, dass ausreichend Zeit zur Verfügung steht. Anderthalb Stunden, in denen keine Störungen vorprogrammiert sind, sollten Sie einplanen.

Die fachliche Reflexion im Team setzt zunächst einmal voraus, dass alle Kolleginnen eine gemeinsame Grundlage für das
Gespräch haben. Es ist deshalb günstig, wenn Sie die ersten
beiden Seiten der Dokumentation (Was tun/sagen die Kinder)
und die Seite 4 (Perspektivenübernahme) für alle kopieren. Ob
Sie Ihre Aufzeichnungen zu Ihren eigenen Gefühlen veröf-
fentlichen wollen, bleibt Ihnen überlassen und ist auch abhängig von der wechselseitigen Anerkennung im Team und der
Erfahrung, die Sie im Laufe der Zeit miteinander bei diesen
fachlichen Gesprächen sammeln.

Klären Sie zu Beginn der Reflexionsrunde, wer das Proto-
koll schreibt und die Ergebnisse, Planungsschritte, offenen
Fragen festhält. Bei einer großen Gruppe sollten Sie auch eine
Moderatorin benennen.

Verständigen Sie sich mit Ihren Kolleginnen über bestimmte
Regeln nach denen Sie miteinander arbeiten wollen. Wichtig
ist, dass alle Beteiligten den Meinungen, Überlegungen,
Schlüssen der anderen offen begegnen. Bemühen Sie sich,
nicht vorschnell zu bewerten, was die anderen einbringen. Für
die gemeinsame Weiterentwicklung Ihrer Arbeit in der Kindertageseinrichtung sind alle Beiträge bedeutsam. Es geht also
nicht darum, die eigene Meinung gegen die anderen durchzusetzen, sondern die Kompetenzen aller anzuerkennen und zu
nutzen.

Alle Teilnehmerinnen des Gesprächs sollten Gelegenheit
haben, die begründeten Schlüsse, die sie aus der Beobachtung
ziehen, einzubringen. Da die Kinder immer mehrere Themen
parallel bearbeiten, ermöglichen die unterschiedlichen Perspektiven und Interessenschwerpunkte, mit denen die einzelnen Kolleginnen auf die beobachtete Szene blicken, eine
facettenreichere und genauere Annäherung an die Bildungsthemen der einzelnen Kinder.

Fragen, die in Ihrem Fachgespräch offen bleiben oder sich
aus Ihrer Diskussion neu ergeben, notieren Sie als Aufmerk-

samkeitsrichtungen für die nächsten Beobachtungen und/oder bringen Sie in Ihre Gespräche mit den Kindern ein.

Abschließend ziehen Sie dann für Ihr weiteres pädagogisches Handeln Schlüsse aus Ihrem neuen Wissen über die Interessen, Themen und Fähigkeiten der einzelnen Kinder. Befragen Sie sich und Ihre Kolleginnen, ob etwas verändert werden sollte im Materialangebot, in der Raumgestaltung, in Ihrer Interaktion mit den Kindern. Wenn Sie entsprechende Entscheidungen und Verabredungen umgesetzt haben, prüfen Sie in der Folgezeit wiederum durch Beobachtungen oder auch Video- und Tonaufzeichnungen, wie die Kinder mit diesen Veränderungen umgehen und ob sie unterstützt oder herausgefordert werden durch die neuen Erfahrungsmöglichkeiten.

• Jede Erzieherin führt regelmäßig 2–3 mal die Woche Beobachtungen durch, die sie dokumentiert. Ihre Aufzeichnungen sind eine Grundlage für die individuelle und kollegiale Reflexion des eigenen Handelns. Sie werden genutzt, um Erkenntnisse über die Bildungsthemen der einzelnen Kinder zu gewinnen und dienen der besseren Verständigung mit den Kindern.

• Einmal wöchentlich kommen alle Erzieherinnen der Einrichtung zum fachlichen Austausch zusammen. Organisatorische Inhalte werden zu einem anderen Termin geklärt.
Diese fachlichen Diskurse sollten frei sein von äußeren Störungen. Sie können z. Bsp. stattfinden, nachdem alle Kinder abgeholt wurden. Unterbrechungen werden so möglichst vermieden.

• Es wird jeweils im Vorfeld verabredet, wer zu welchem Termin eine Dokumentation vorstellt.

• Zu jeder Sitzung wird ein Protokoll erstellt, in dem u. a. die zentralen Themen des Diskurses, getroffene Verabredungen, entstandene Fragen und Hypothesen, Erkenntnisse zu den Bildungsthemen einzelner Kinder, für das weitere Handeln gezogene Schlüsse dokumentiert werden.

• Die einzelnen Erzieherinnen bringen die im fachlichen Diskurs gewonnen Erkenntnisse in den Dialog mit den einzelnen Kindern ein und versuchen durch weitere Beobachtungen, die neu entstandenen Fragen zu beantworten.

• Neben der systematischen Beobachtung werden die Bildungsprozesse der Kinder in Fotoserien, Video- und Tonbandaufzeichnungen dokumentiert und im fachlichen Diskurs und als Basis für die Gespräche mit den Eltern genutzt.

Die wichtigsten Punkte in Kürze:

Beobachtungsbogen Nr.: ....

Datum: ....

Situation: ....

Beginn der Beobachtung: ....

Ende der Beobachtung: ....

Wird eine bestimmte Kindergruppe beobachtet? ja ☐ nein ☐

Name der Beobachterin: ....

Zu welcher Gruppeneinheit/welchen Gruppeneinheiten gehören die beobachteten Kinder?

....

Welche Kinder werden beobachtet? Namen der Kinder:

1) .... 2) ....

3) .... 4) ....

5) .... 6) ....

7) .... 8) ....

Ist eine Erzieherin am Geschehen beteiligt? ja ☐ nein ☐

Sonstige wichtige Angaben zur Beobachtung:
....

Was geschieht? Was tun, sagen die Kinder?
....

Beobachtungsbogen Nr.:   **Datum:**

....

Situation:

....

Was geschieht? Was tun, sagen die Kinder?

....

Beobachtungsbogen Nr.:   **Datum:**

....

Situation:

....

Was macht diese Situation mit mir?

– Welche Reaktionen (körperlich, emotional, z. B. Anspannung, Freude, Interesse, Ärger, Langeweile, Angst) werden bei mir hervorgerufen?
– Was berührt mich, ruft Bilder, Erinnerungen wach, löst Gedanken, Ideen aus? »Worauf springe ich an?«

....

Beobachtungsbogen Nr.:   **Datum:**

....

Situation:

....

Perspektivenübernahme

   – Wenn ich das Kind wäre, welche Bedeutung hätte die Situation für mich?

   – Wie fühlen sich die einzelnen Kinder aus meiner Sicht?

....

....

   – Ist das Kind/sind die Kinder engagiert?

....

Beobachtungsbogen Nr.:   **Datum:**

....

Situation:

....

Fachliche Reflexion mit Kolleginnen – Überlegungen, Erkenntnisse, weiterführende Fragen

- Welche intuitiv begründeten Schlüsse ziehen wir aus der Beobachtung?
- Welche fachlich begründeten Schlüsse ziehen wir aus der Beobachtung?
- Wie deuten wir das, was die einzelnen Kinder tun?
- Was konstruieren die Kinder jeweils für sich und miteinander?
- Mit welchen Themen gehen die Kinder um?

....

- Welche Schlüsse ziehe ich/ziehen wir daraus für mein/unser pädagogisches Handeln? (z. B. hinsichtlich des räumlichen, materiellen Angebots, der sozialen Erfahrungen)
- Brauchen einzelne Kinder neue Herausforderungen oder Unterstützung?

- Welche weiteren Fragen ergeben sich für mich/uns aus der Beobachtung?
- Worauf wollen wir in den nächsten Beobachtungen besonders achten?

Das Soziogramm

Im vorangegangenen Arbeitsblatt ging es um die Beobachtung einzelner Kinder oder von kleinen Gruppen, um ihre Themen identifizieren und dokumentieren zu können. Die Dokumentation diente dabei zugleich der fachinternen Diskussion zwischen den Erzieherinnen, zu der bei Bedarf auch Beraterinnen oder andere Experten hinzugezogen werden können und als Grundlage für Gespräche mit den Eltern.

Auch das Soziogramm setzt Beobachtungen der Kinder voraus, beschränkt sich in der Fragestellung jedoch auf ein Thema: Die Position eines Kindes in seinen Beziehungen zu anderen Kindern. Dabei geht es darum, das Eingebundensein der einzelnen Jungen und Mädchen in ihre Gruppe oder allgemeiner in das System der Beziehungen der Kinder untereinander festzustellen und zu beurteilen. Insbesondere kann dieses Verfahren Hinweise geben, wenn einzelne Kinder – aus welchen Gründen auch immer – am Rande der Gruppe stehen oder ganz aus dem Beziehungssystem herauszufallen drohen bzw. es ihnen nicht oder nur schwer gelingt, Beziehungen zu anderen Kindern aufzubauen und zu pflegen.

Im Projekt haben wir ein vergleichbares Instrument erprobt und dabei die Erfahrung gemacht, dass randständige Kinder keineswegs immer von den Erzieherinnen als solche wahrgenommen werden, sondern ihre Probleme mit dem Aufbau von Beziehungen – insbesondere auch von Freundschaften – nicht immer erkannt wurden. Das Soziogramm, das regelmäßig etwa halbjährlich und im Fall der Aufnahme neuer Kinder auch einige Wochen nach deren Eintritt in die Einrichtung erhoben werden sollte, bietet einen guten Schutz davor, solche Fälle zu übersehen. Darüber hinaus ermöglicht es, die Beziehungsstruktur in einer Kindergruppe übersichtlich darzustellen und den Blick auf diese Thematik zu schärfen.

Für die Ausarbeitung eines Soziogramms stehen mehrere Verfahren zur Verfügung, die auch in der sozialwissenschaftlichen Forschung eine Rolle spielen. Hier soll ein stark vereinfachtes Vorgehen vorgestellt werden, das es Erzieherinnen auch in Situationen knapper Zeitressourcen erlaubt, sich den gewünschten Überblick zu verschaffen. Dabei sind zwei Wege gangbar: Das Ausfüllen des Beobachtungsschemas aus dem Gedächtnis oder auf der Basis von Beobachtungen. Wir schlagen ein kombiniertes Vorgehen vor, das sich sowohl auf die Kenntnis der Erzieherin über die Beziehungen der Kinder untereinander stützt als auch – bei Unsicherheiten im Urteil – ergänzende Beobachtungen vorsieht.

Sie sollten die Eltern der Kinder vor Beginn Ihrer Beobachtungen über Ihr Vorhaben informieren und in geeigneter Weise über die Ergebnisse berichten.

Die Vorbereitung

Kopieren Sie zunächst die beiden Tabellenvorlagen heraus und vergrößern Sie sie entsprechend Ihren Bedürfnissen und in der gewünschten Anzahl. Für den ersten Schritt sollten Sie sich dann eine ungestörte Situation suchen, in der Sie in Ruhe über die Kinder nachdenken können. Gehen Sie (vielleicht anhand einer vorbereiteten Liste) die Namen der Kinder durch und führen Sie sich für jedes Kind seine Situation vor Augen. Versuchen Sie zunächst, die Fragen aus der Tabelle »Soziale Einbindung« zu beantworten, und notieren Sie Ihre Antworten für jedes Kind. Für jedes Kind benötigen Sie einen eigenen Bogen.

**Soziale
Einbindung**

Name des Kindes ....

Erzieherin ....

Datum ....

Wird das Kind von anderen Kindern zum Mitspielen aufgefordert?	ja ☐ nein ☐
Sucht es von sich aus Kontakt zu anderen Kindern?	ja ☐ nein ☐
Ist es dabei erfolgreich?	ja ☐ nein ☐
Wollen andere Kinder bei den Mahlzeiten oder anderen Gelegenheiten neben ihm sitzen?	ja ☐ nein ☐
Suchen andere Kinder auf andere Weise seine Nähe oder seine Aufmerksamkeit?	ja ☐ nein ☐
Erhält es bei Konflikten mit anderen Kindern Unterstützung? Durch wen?	ja ☐ nein ☐ durch:
Unterhält es engere Kontakte zu einigen wenigen Kindern?	ja ☐ nein ☐
Unterhält es Kontakte zu Kindern auch außerhalb des engeren Kreises?	ja ☐ nein ☐
Ist es mit anderen Kindern befreundet? Mit wem?	ja ☐ nein ☐ mit:

Sie werden vielleicht feststellen, dass Sie diese Fragen nicht für jedes Kind beantworten können. Versuchen Sie dann in einem zweiten Schritt, die Antworten durch gezielte Beobachtung der Kinder herauszufinden und die Tabelle vollständig auszufüllen. Versuchen Sie anschließend, die Situation des Kindes anhand der Antworten in der Tabelle zu beurteilen: Fühlt es sich wohl in der Gruppe? Hat es vielfältige Kontakte zu den anderen Kindern? Hat es Freunde in der Gruppe? Wenigstens eine(n)? Fällt es ihm leicht, auf andere Kinder zuzugehen?

Wenn ja: Versuchen Sie sich ein Bild zu machen, worin die Kompetenz des Kindes in Beziehungsdingen besteht. Was tut es genau, um soviel Anklang bei anderen Kindern zu finden? Wenn nicht: Versuchen Sie auch in diesem Fall, sich ein Bild zu machen, worin die Schwierigkeiten des Kindes in Beziehungsdingen besteht. Was tut es genau, was seinen Misserfolg bei anderen Kindern erklären könnte? Wissen Sie oder Ihre Kolleginnen Rat, wie das Kind in seinen sozialen Kontakten unterstützt werden könnte?

Nehmen Sie im nächsten Schritt das Schema für das Soziogramm[1] zur Hand und tragen Sie die Namen der Kinder ihrer Gruppe zunächst in die senkrechte Spalte am linken Rand ein. Danach drehen Sie das Blatt um 90 Grad und schreiben Sie die Namen der Kinder noch einmal und in derselben Reihenfolge in die Kopfspalten des Schemas. **Das Soziogramm-Schema**

Gehen Sie nun so vor, dass Sie sich für jedes Kind, dessen Name in der linken Spalte steht, überlegen, zu welchen anderen Kindern es häufiger Kontakt aufnimmt bzw. versucht, Kontakt aufzunehmen. Das kann über Fragen geschehen, durch Einladungen zum Mitspielen, durch den Wunsch nach Beteiligung am Spiel der anderen, andere Initiativen, die ein Interesse an diesen anderen Kindern vermuten lassen.

[1] Bitte kopieren Sie die beiden Teile des Schemas und kleben Sie die beiden Teile nebeneinander zusammen.

Gehen Sie in der Zeile, die mit dem Namen des Kindes beginnt, dessen Kontakte Sie gerade einschätzen wollen, bis zu der Spalte, in der (sozusagen auf dem Kopf stehend) der Name des Kindes steht, zu dem das Kind häufiger Kontakt sucht. Machen Sie dort ein Kreuz in das Schema und gehen Sie zur nächsten Spalte mit dem Namen eines Kindes, zu dem Kontakt gesucht wird. Das Schema reicht für insgesamt 25 Kinder aus. Auch hier gilt wieder, dass Sie Ihre Einschätzung durch Beobachtungen ergänzen können und sollten, wenn Sie in dem einen oder anderen Fall unsicher sind, zu welchen Kindern Kontakt gesucht wird. Wenn Sie diese Einschätzung für alle Kinder eingetragen haben, zählen Sie bitte die Anzahl der Kreuze in jeder Zeile und tragen Sie die Zahl in die äußerste rechte Spalte des Blattes ein (Spalte: Anzahl der aktiven Wahlen). Zählen Sie dann in gleicher Weise die Kreuze in den Spalten (also von oben nach unten) und tragen Sie die Zahl in die unterste Zeile des Blattes ein (Zeile: Anzahl der passiven Wahlen).

In der untersten Zeile steht dann die Anzahl der Kinder, die Kontakt zu dem Kind gesucht haben, dessen Name ganz oben (auf dem Kopf stehend) in die Spalte eingetragen ist. Wenn diese Zahl zwei oder kleiner ist, sollten Sie und Ihre Kolleginnen sich beraten, was Sie tun können, um dieses Kind bei der Erweiterung seiner sozialen Kompetenzen zu unterstützen. Die äußerste rechte Spalte gibt dabei Hinweise, wie aktiv das Kind selbst sich um Kontakte zu anderen Kindern bemüht.

Wenn umgekehrt einzelne Kinder häufig von anderen Kindern gewählt werden – also von anderen kontaktiert werden – können Sie, ebenso wie weiter oben vorgeschlagen, versuchen herauszufinden, worin genau die sozialen Kompetenzen dieser Kinder eigentlich bestehen.

Schließlich können Sie dem Soziogramm-Schema noch entnehmen, ob die von einem Kind gewählten anderen Kinder ihrerseits das Kind gewählt haben, ob seine Kontaktsuche also eine positive Aufnahme gefunden hat.

Legen Sie einen Ordner an, in dem Sie die Soziogramme und andere Unterlagen über Ihre Beobachtungen aufbewahren. Sie schaffen sich auf diese Weise die Möglichkeit, die Bildungsprozesse der Kinder auf verschiedenen Gebieten über längere Zeit verfolgen und ihre Fortschritte beschreiben zu können. Diese Unterlagen können darüber hinaus sowohl als Grundlage für Ihre pädagogische Arbeit als auch als eine interne Erfolgskontrolle genutzt werden. Sie werden voraussichtlich bemerken, dass Ihre Eindrücke von den Kindern im Laufe dieser Beobachtungen und ihrer Reflexion lebhafter und vielfältiger werden, die Besonderheiten jedes Kindes sich klarer herausarbeiten.

Zum weiteren Vorgehen

Die wilde Rollbrett-Fahrt ist für Felix und Lucas nicht nur ein Spaß, sondern auch eine intensive Lerneinheit in Raumgefühl und Körper Koordination – und nicht zuletzt im sozialen Miteinander. Kinder finden täglich neue Wege, in die Welt des Wissens aufzubrechen. Erwachsene begreifen erst allmählich, was dabei in ihren Köpfen vorgeht.

Teil 1	Soziogramm der Gruppe						Erzieherin			Datum		
Namen der Kinder	1	2	3	4	5	6	7	8	9	10	11	12
1												
2												
3												
4												
5												
6												
7												
8												
9												
10												
11												
12												
13												
14												
15												
16												
17												
18												
19												
20												
21												
22												
23												
24												
25												
Anzahl der passiven Wahlen												

13	14	15	16	17	18	19	20	21	22	23	24	25	Anzahl der aktiven Wahlen. Kind sucht Kontakt

198

Literatur *Andres, B.:* Und woran würde ich merken, dass ...?
Ausgewählte Qualitätsmerkmale der Bildungsstätte
Kindertageseinrichtung und ihre Begründung. In: Laewen,
H.-J., Andres, B. (Hrsg.): Bildung und Erziehung in der frühen
Kindheit – Bausteine zum Bildungsauftrag von
Kindertageseinrichtungen. Neuwied, Kriftel, Berlin 2002.

Andres, B., Laewen, H.-J. (Hrsg.): Ich verstehe besser,
was ich tue… Erfahrungen mit einem Eingewöhnungsmodell. Berlin 1992.

Andresen, U.: Ausflüge in die Wirklichkeit.
Beltz Taschenbuch 2000.

Arbeitsstab Forum Bildung (Hrsg.): Empfehlungen
des Forum Bildung. Forum Bildung 2001.

Ayres, A.J.: Bausteine der kindlichen Entwicklung.
Berlin und Heidelberg 1992.

Balgo, R. (1999): Wir sehen mit unseren Armen und
Beinen. Die Einheit der Bewegung und Wahrnehmung aus
systemisch-konstruktivistischer Sicht. In: Praxis der
Psychomotorik, Jg. 24, Heft 1, Februar 1999, Seite 4–13.

v.d. Beek, A., Buck, M., Rufenach, A.: Kinderräume bilden.
Neuwied, Kriftel, Berlin 2001.

Bundesministerium für Bildung und Forschung (Hrsg.):
Potentiale und Dimensionen der Wissensgesellschaft.
Auswirkungen auf Bildungsprozesse und Bildungsstrukturen.
Delphi-Befragung. Bonn 1998.

Chen, J-Q, Krechevsky, M., Viens, J.: Building on Children's Strengths: The Experience of Project Spectrum. Vol. 1.Teachers College Press, New York and London 1998.

Denk, B.: Tanz der Kinder – Improvisierte Bewegungsspiele als Lebenskunst. Neuwied, Kriftel, Berlin 2001.

Dittrich, G., Dörfler, M., Schneider, K.: Wenn Kinder in Konflikt geraten. Neuwied, Kriftel, Berlin 2001.

Elschenbroich, D.: Das Weltwissen der Siebenjährigen. München 2001.

Filipini, T. (1995): The Role of the Pedagogista – Interview with Lella Gardini. In: Katz, L.G., Cesarone, B. (Eds.): The Hundred Languages of Children – The Reggio Emilia Approach to Early Childhood Education. Ablex Publishing Corporation, Norwood, New Jersey. S. 113–118.

Gardner, H.: Abschied vom IQ – Die Rahmentheorie der vielfachen Intelligenzen. 3. Auflage. Stuttgart 2001.

Gardner, H.: Der ungeschulte Kopf – Wie Kinder denken. Stuttgart 1996.

Grossmann, K., Grossmann, K.: Ist Kindheit doch Schicksal? Ein Gespräch über die langfristigen Folgen, die eine unsichere Bindung in der Kindheit haben kann. Psychologie Heute. Heft 8, 1991. S. 20–27.

Hentig, H. v.: Bildung. München, Wien 1996.

Hopf, Ch., Rieker, P., Sanden-Marcus, M. Schmidt, Chr.: Familie und Rechtsextremismus. Familiale Sozialisation und rechtsextreme Orientierungen junger Männer. Weinheim, München 1995.

infans (Hrsg.): Der Übergang in Tagesbetreuung: Die Eingewöhnung von Mark und Katharina in eine Tagespflegestelle. Kommentierte Videodokumentation zweier Eingewöhnungsverläufe. Berlin.

infans (Hrsg.): Die ersten Tage in der Krippe. Kommentierte Videodokumentation zweier Eingewöhnungsverläufe. Berlin.

Kathke, P.: Sinn und Eigensinn des Materials. Band 1 und 2. Neuwied, Kriftel, Berlin 2001.

Kobelt-Neuhaus, D. (1999): Kinder im Alltag beobachten und verstehen. In: KiT 2.10, Juni 1999, S. 277–282.

Krechevsky, M: Project Spectrum: Preschool Assessment Handbook. Project Zero Framework for Early Childhood Education, Volume 3. Teachers College Press. New York, London 1998.

Laewen, H.-J., Andres, B. (Hrsg.): Bildung und Erziehung in der frühen Kindheit – Bausteine zum Bildungsauftrag von Kindertageseinrichtungen. Neuwied, Kriftel, Berlin 2002.

Laewen, H.-J., Andres, B., Hédervári, E.: Die ersten Tage in der Krippe – Ein Modell für die Gestaltung der Eingewöhnungssituation von Kindern in Krippen. 3. Auflage. Neuwied, Kriftel, Berlin 2000.

Laewen, H.-J., Andres, B., Hédervári, E.: Ohne Eltern
geht es nicht – Die Eingewöhnung von Kindern in Krippen
und Tagespflegestellen. 3. Auflage.
Neuwied, Kriftel, Berlin 2000.

Leu, H.-R. (1998): Zum Konzept der wechselseitigen Anerkennung. In: Ministerium für Bildung, Jugend und Sport des
Landes Brandenburg (Hrsg.): Auf dem Weg zu einem Bildungsauftrag für Kindertageseinrichtungen. Dokumentation
der 1. Fachtagung des Modellprojekts: Zum Bildungsauftrag
von Kindertageseinrichtungen. Berlin, Potsdam, S. 12–23.

Malaguzzi, L. (1997): Pädagogik als Projekt. In: Göhlich, M.
(Hrsg.): Offener Unterricht, Community Education,
Alternativschulpädagogik, Reggiopädagogik. Die neuen
Reformpädagogiken. Geschichte, Konzeption, Praxis.
Weinheim, Basel, S. 197–201.

Musiol, M. (2002): Biografizität als Bildungserfahrung. In:
Laewen, H.-J., Andres, B. (Hrsg.): Bildung und Erziehung
in der früher Kindheit – Bausteine zum Bildungsauftrag von
Kindertageseinrichtungen. Neuwied, Kriftel, Berlin 2002.

Oerter, R., Noam, G. (1999): Der konstruktivistische Ansatz.
In: Oerter, R. (Hrsg.): Klinische Entwicklungspsychologie.
Weinheim, S. 45–78.

Rabitti, G.: An Integrated Art Approach in a Preschool. In:
Katz, L.G., Cesarone, B. (Eds.): Reflections on the Reggio
Emilia Approach. ERIC Clearinghouse on Elementary
and Early Childhood Education 1994. S. 47–68.

Regel, G., Wieland, A., J. (Hrsg.) : Offener Kindergarten
konkret. Hamburg 1993.

Schäfer, G.: Bildungsprozesse im Kindesalter. Weinheim, München 1995.

Singer, W.: Interview. In: Das Rad neu erfinden. Videofilm von Donata Elschenbroich und Otto Schweitzer. DJI 1999.

Singer, W.: Wie kann ein Mensch wann lernen? Vortrag gehalten anlässlich des ersten Werkstattgesprächs der Initiative McKinsey bildet. Frankfurt/Main am 12. Juni 2001.

Sommer, B.: Kinder mit erhobenem Kopf. Kindergärten und Krippen in Reggio Emilia. Neuwied, Kriftel, Berlin 1999.

Tietze, W. (Hrsg.): Wie gut sind unsere Kindergärten? Eine Untersuchung zur pädagogischen Qualität in deutschen Kindergärten. Neuwied, Kriftel, Berlin 1998.

Thurn, S.: Die Bielefelder Laborschule – Eine Schule für die Zukunft. Vortrag auf der Abschlussveranstaltung des Modellprojekts »Zum Bildungsauftrag von Kindertageseinrichtungen« vom 02./03. Mai 2000 in Berlin.

Zeki, S.: Inner Vision. An Exploration of Art and the Brain. Oxford University Press 1999.

Zimmer, J. (Hrsg.): Praxisreihe zum Situationsansatz. 12 Bände. Ravensburg 1998, zu beziehen beim Beltz Verlag, Weinheim.

Enno Kapitza, *Focus:*	29	83	87	99	108	**Bildnachweis**
	113	147	195			

Barbara Peacock, *Getty images:* 182 Schatten

Stephanie Rausser, *Getty images:* 7 Malen im Wald
69 Kind in Hängematte

Spike, *Getty images:* 8 Kinder am Strand

Der Beitrag von **Johanna Romberg** wurde ungekürzt erstmals in GEO, Heft 10/2001 veröffentlicht.

Hans-Joachim Laewen / Beate Andres (Hrsg.)

Bildung und Erziehung in der frühen Kindheit

Bausteine zum Bildungsauftrag
von Kindertageseinrichtungen

2002, ca. 400 Seiten,
mit Abbildungen, ca. € 25,
zu beziehen über den Buchhandel.

Weitere Informationen
finden Sie
im Internet unter:
www.kleinundgross.de